SEMBRAR
Y
COSECHAR

Registrar Este Libro

Beneficios de registrar el libro*

- ✓ GRATIS **Reposición** de libros perdidos o dañados.
- ✓ GRATIS **Libro en Audio** - *Pilgrim's Progress*, edición en audio.**
- ✓ GRATIS Información de libros nuevos y otros **obsequios**.**

www.anekopress.com/new-book-registration

*Ver en nuestra página web las condiciones y limitaciones.

**Estos recursos se encuentran solo en inglés

SEMBRAR Y COSECHAR

Todo lo que el hombre siembre,
eso también segará (Gálatas 6:7)

Dwight L. Moody

Traducción: Neyla M. LaSalvia
Revisión y Edición: Rodney LaSalvia

Nos encanta escuchar a nuestros lectores. Si tiene alguna pregunta, comentario o sugerencia por favor no dude en contactarnos a través de nuestra página web www.anekopress.com/questions-comments.

Sembrar y Cosechar – Dwight L. Moody
Actualización de Copyright © 2022
Primera edición publicada en 1896
Publicado originalmente por Fleming H. Revell Company, Chicago; New York; Toronto
Todos los derechos reservados. Ninguna parte de este libro puede ser reproducida, almacenada en un sistema de recuperación, o transmitida en cualquier forma o por cualquier medio - electrónico, mecánico, fotocopia, grabación, o cualquier otro, sin el permiso escrito del editor.
Las citas Bíblicas están tomadas de La Biblia de las Américas® (LBLA), derechos de autor © 1986, 1995, 1997 por The Lockman Foundation. Utilizado con permiso. www.Lockman.org. Todos los derechos reservados.
Diseño de la portada: J. Martin
Fotografía de la portada: SeDmi/Shutterstock
Traducción: Neyla M. LaSalvia
Revisión y Edición: Rodney LaSalvia

Aneko Press
www.anekopress.com
Aneko Press, Life Sentence Publishing, y nuestros logotipos son marcas comerciales de
Life Sentence Publishing, Inc.
203 E. Birch Street
P.O. Box 652
Abbotsford, WI 54405

RELIGIÓN / Vida cristiana / Crecimiento espiritual
Tapa blanda ISBN: 978-1-62245-884-4
eBook ISBN: 978-1-62245-885-1
10 9 8 7 6 5 4 3 2 1
Disponible donde se venden libros

Contenidos

Cap. 1: Siembra y cosecha 1

Cap. 2: No te engañes: Dios no puede ser burlado 15

Cap. 3: Cuando un hombre siembra, espera segar 27

Cap. 4: Esperamos segar lo mismo que sembramos 43

Cap. 5: Se siega más de lo que se siembra 57

Cap. 6: Desconocer la semilla no hace diferencia 63

Cap. 7: Perdón y Retribución 73

Cap. 8: Advertencia 87

Dwight L. Moody – Una Biografía Breve 107

También Por Aneko Press 109

Capítulo 1

Siembra y cosecha

No os dejéis engañar, de Dios nadie se burla; pues todo lo que el hombre siembre, eso también segará. Porque el que siembra para su propia carne, de la carne segará corrupción, pero el que siembra para el Espíritu, del Espíritu segará vida eterna (Gálatas 6: 7-8)

Creo que el pasaje anterior contiene verdades que ningún incrédulo o escéptico se atreverá a negar. Hay algunos pasajes en la Palabra de Dios que no necesitan ninguna otra prueba que la que podemos encontrar fácilmente en nuestra experiencia diaria. Este es uno de ellos. Incluso si la Biblia fuera borrada de la existencia, las palabras de los versículos anteriores serían abundantemente verificadas por lo que está sucediendo constantemente a nuestro alrededor. Basta con mirar las noticias para ver cómo estas se cumplen ante nuestros ojos.

Recuerdo que al leer este texto una vez, un hombre se levantó entre el público y dijo: "No me lo creo".

Le dije: "Amigo, eso no cambia el hecho de que la verdad es la verdad, la creas o no, y una mentira es una mentira, la creas o no".

El hombre no quería creerlo. Cuando la reunión terminó, un oficial estaba en la puerta para arrestarlo. Fue juzgado y enviado a la penitenciaría durante doce meses por robo. Sospecho que cuando entró en su celda, creyó que tenía que segar lo que había sembrado.

Bien podríamos intentar borrar el sol de los cielos, será parecido a querer borrar esta verdad de la Palabra de Dios. Es el decreto eterno del cielo. Esta ley se ha aplicado durante seis mil años. ¿No hizo Dios que Adán segara lo que había sembrado incluso antes de salir del Edén? ¿No segó Caín fuera del Edén? Cada uno debe segar lo que siembra, ya sea un rey en el trono, como David, o un sacerdote detrás del altar, como Elí. Sacerdote y profeta, predicador y oyente — todos deben segar lo que sembraron. Lo creía hace diez años, pero hoy lo creo cien veces más.

Este texto se aplica al individuo, ya sea un santo, un pecador o un hipócrita que se cree santo. Se aplica a la familia, a la sociedad y a las naciones. La ley de que el resultado de las acciones debe ser cosechado es tan cierta para las naciones como para los individuos. De hecho, alguien ha dicho que como las naciones no tienen existencia futura, este mundo es el único lugar para castigarlas como naciones. Vean cómo Dios las ha tratado. Vean si no han segado lo que sembraron. Tomemos el caso de Amalec: *Acuérdate de lo que te hizo Amalec en el camino cuando saliste de Egipto, cómo te salió al encuentro en el camino, y atacó entre los tuyos a todos los agotados en tu retaguardia cuando tú estabas fatigado y cansado; y él no temió a Dios* (Deuteronomio 25:17-18). ¿Cuál iba a ser el resultado de este ataque? ¿Iba a quedar impune? Dios ordenó que Amalec segara lo que había sembrado, y la nación fue prácticamente borrada de la existencia bajo el rey Saúl.

¿Qué ha sido de las monarquías e imperios del mundo? ¿Qué trajo la ruina a Babilonia? Su rey y su pueblo no quisieron obedecer a Dios, y les sobrevino la ruina. ¿Qué ha sido de Grecia y de todo su poder? Una vez gobernó el mundo. ¿Qué ha sido de Roma y de toda su grandeza? Cuando su copa de iniquidad se llenó, se derrumbó. ¿Qué pasó con los judíos? Rechazaron la salvación, persiguieron a los mensajeros de Dios y crucificaron a su Redentor.

Mira la historia de este país. A pesar de una Biblia abierta, nuestros antepasados permitieron la esclavitud, pero el juicio llegó al final. Y no hubo casi ninguna familia, ni en el norte ni en el sur, que no tuviera que llorar por alguien que les fue arrebatado.

Tomemos el caso de Francia. Se dice que hace un siglo se gastaban millones de dólares cada año en Francia en la publicación y distribución de literatura contraria a los principios bíblicos y al cristianismo. ¿Cuál ha sido la siega? ¿No ha segado Francia? Fíjense en el resultado: la Biblia fue eliminada. Se negó a Dios. El infierno se desató. Más de un millón de personas fueron decapitadas, fusiladas, ahogadas o ejecutadas de alguna otra manera entre septiembre de 1792 y diciembre de 1795. Desde entonces, Francia ha tenido trece revoluciones en ochenta años, y ha habido un cambio de gobierno cada nueve meses en promedio. Un tercio de los nacimientos en París son ilegítimos. Se han hallado diez mil recién nacidos a la salida de las alcantarillas de la ciudad en un solo año. La población nativa de Francia está disminuyendo. El porcentaje de suicidios es mayor en París que en cualquier otra ciudad de occidente. Desde la Revolución Francesa, ha habido suficientes hombres y mujeres franceses masacrados en las calles de París en las diversas insurrecciones con un promedio de más de doscientos cada año.

El principio no era nuevo en las Escrituras ni en la historia cuando Pablo lo expresó en su carta a los Gálatas. Pablo lo vistió con un lenguaje común y sencillo, pero para vestirlo podríamos decir que la ley de la siembra y la siega es la ley de la causa y el efecto, la ley de la retribución o represalia, y la ley de la compensación. No es mi propósito entrar ahora en una discusión filosófica de la ley tal como aparece bajo cualquiera de estos nombres. Vemos que existe. Está más allá de toda discusión razonable. Independientemente de lo que los escépticos puedan encontrar y criticar en la Biblia, deben reconocer esta verdad. No depende de la revelación para su apoyo. Los filósofos están de acuerdo con ella tanto como lo están con cualquier cosa.

La supremacía de la ley

Sin embargo se podría objetar que, si bien esta ley de la siembra y la siega puede aplicarse al mundo físico, no es tan cierta en el ámbito espiritual. Es precisamente aquí donde interviene la investigación moderna. Las leyes del mundo espiritual han sido ampliamente identificadas como las mismas leyes que existen en el mundo natural. De hecho, se afirma que lo espiritual existió primero, que lo natural vino después, y que cuando Dios procedió a enmarcar el universo, siguió el patrón que ya había establecido.

Básicamente, Dios envió las leyes superiores hacia abajo para que el mundo natural se convirtiera en una encarnación, una representación visible, un modelo de trabajo de lo sobrenatural. En el mundo espiritual funcionan los mismos engranajes — sin el hierro.

Toda nuestra vida está, pues, ligada y regida por leyes ordenadas y establecidas por Dios, y que una persona siegue lo que siembra es una ley fácilmente observable y verificable, tanto si se trata de sembrar en la carne como de sembrar en el Espíritu. La mala cosecha del pecado y la buena cosecha de la justicia por cierto han de seguir a la siembra, como sucede con la siega del trigo y la cebada.

La vida no es casual, sino causal

Al continuar, veremos que esta ley estaba en vigor en los primeros períodos de la historia bíblica. Los tres amigos de Job razonaban que éste debía ser un gran pecador, porque daban por sentado que las tragedias que le ocurrían debían ser el resultado de su maldad. El amigo de Job, Elifaz, dijo: *Recuerda ahora, ¿quién siendo inocente ha perecido jamás? ¿O dónde han sido destruidos los rectos? Por lo que yo he visto, los que aran iniquidad y los que siembran aflicción, eso siegan* (Job 4:7-8).

En el libro de Proverbios lo encontramos escrito: *El impío gana salario engañoso, pero el que siembra justicia recibe verdadera recompensa* (Proverbios 11:18), y *El que siembra iniquidad segará vanidad* (Proverbios 22:8).

En Isaías encontramos estas palabras: *Decid a los justos que les irá bien, porque el fruto de sus obras comerán. ¡Ay del impío! Le irá mal, porque lo que él merece se le hará* (Isaías 3:10-11).

Oseas profetizó sobre Israel: *Porque siembran viento, y recogerán tempestades* (Oseas 8:7). Entonces les aconsejó: *Sembrad para vosotros según la justicia, segad conforme a la misericordia* (Oseas 10:12).

Enseñar a través de analogías

La Biblia está llena de analogías extraídas de la naturaleza. Cuando Cristo estaba en la tierra, su modo favorito de enseñanza era transmitir las verdades celestiales con un atuendo terrenal.

> De sus labios salieron verdades, no declaradas simplemente por la autoridad, sino basadas en la analogía del universo. Su mente humana, en perfecta armonía con

la mente divina a la que estaba unida, discernía la conexión de las cosas y leía la voluntad eterna en las leyes más simples de la naturaleza. Por ejemplo, si se trataba de saber si Dios daría su Espíritu a quienes se lo pidieran, no se respondía con una verdad revelada por su autoridad; la respuesta se derivaba de hechos que estaban a la vista de todos los hombres: "Contemplad las aves del cielo"; "Contemplad los lirios del campo": aprended de ellos la respuesta a vuestra pregunta. Había allí un principio. Dios suple las necesidades que ha creado. Él alimenta a los cuervos. Él viste a los lirios. Él alimentará con su Espíritu los espíritus anhelantes de sus hijos.[1]

Este es el estilo de enseñanza que Pablo adopta en el texto. Toma el simple proceso de sembrar y segar, un proceso familiar para todos, y encuentra en él un significado profundamente espiritual y moral. Es como si dijera que cada persona esparce la semilla a cada paso en su camino por la vida. La semilla consiste en sus pensamientos, palabras y acciones. Pasan de él, y con el tiempo (puede ser antes o después), brotan y dan fruto, y llega el momento de la siega.

---

[1] De un sermón titulado "El principio de la cosecha espiritual", predicado por el pastor inglés Frederick W. Robertson (1816-1853) el 15 de diciembre de 1849. Una nota interesante sobre Robertson fue que memorizó todo el Nuevo Testamento tanto en inglés como en griego.

La vida es un tiempo de siembra

Esta analogía contiene algunas lecciones serias. La vida debe considerarse como un tiempo de siembra. Cada uno tiene un campo para sembrar, para cultivar y finalmente, para segar. Cultivamos la semilla para la próxima siega mediante nuestros hábitos, nuestra interacción con amigos y compañeros, y exponiéndonos a influencias buenas o malas. No podemos ver la semilla mientras crece y se desarrolla, pero el tiempo la revelará.

Así como la cosecha completa está potencialmente contenida en la semilla, así los resultados completos del pecado o de la santidad están potencialmente contenidos en el acto pecaminoso o santo. *Después, cuando la pasión ha concebido, da a luz el pecado; y cuando el pecado es consumado, engendra la muerte* (Santiago 1:15).

Así como no podemos recoger una buena cosecha a menos que hayamos sembrado una buena semilla, tampoco podemos recoger la vida eterna a menos que hayamos sembrado para el Espíritu. La mala hierba es fácil de cultivar. Crece sin ser plantada, así como el pecado brota naturalmente en el corazón humano. Desde que nuestros primeros padres se separaron de Dios, el corazón humano ha sido en sí mismo completamente malvado, y todos sus frutos han sido malos. *El corazón de los hijos de los hombres está en ellos entregado enteramente a hacer el mal* (Eclesiastés 8:11). ¿Dudas de ello? Si lo haces, pregúntate qué sería de un niño si se le dejara solo, sin formación, sin orientación y sin educación. A pesar de todo lo que se hace por los niños, el mal se impone con demasiada frecuencia. La buena semilla debe ser plantada y cuidada, a menudo con esfuerzo y sufrimiento, pero la cosecha será segura.

¿Deseamos el amor de nuestros semejantes en nuestros momentos de prueba? Entonces debemos amarlos cuando más necesitan esa influencia alentadora. ¿Anhelamos la compasión en nuestra pena y dolor? La tendremos si lloramos con los que lloran (Romanos 12:15). ¿Esperamos cosechar la vida eterna? Entonces no debemos sembrar para la carne, o cosecharemos corrupción. Más bien, debemos sembrar para el Espíritu, y entonces la promesa es que cosecharemos sus frutos inmortales.

El Dr. Thomas Chalmers ha llamado la atención sobre la diferencia entre el acto de sembrar y el acto de cosechar:

> Obsérvese que una cosa es el acto de entregarse a los deseos de la carne, y otra cosa es el acto de prepararse para entregarse a ellos. Cuando un hombre, por el impulso de una provocación repentina, descarga sus sentimientos resentidos sobre el prójimo que lo ha ofendido, no está en ese momento preparándose para la complacencia de un sentimiento carnal, sino que lo está complaciendo. En ese momento no está sembrando, sino cosechando (tal como es) una cosecha de gratificación. Esta distinción puede servir para ayudar a

nuestro juicio en la estimación de la impiedad de ciertas personas.

Los vagabundos buscadores de placer que se dejan llevar por cualquier impulso, y todos aquellos cuyas facultades de disciplina mental están tan debilitadas que se han convertido en esclavos de cualquier propensión, viven en la cosecha perpetua de la gratificación criminal.

Una hija cuyo único deleite está en sus rápidas transiciones de una escena de espectáculo mundano a otra, que consume todos los cuidados y llena cada hora con las frivolidades y fascinaciones de su inestable vida social lleva una vida de la que nada puede imaginarse que sea más opuesta a una vida de preparación para el juicio venidero o la eternidad venidera; sin embargo, está cosechando en lugar de sembrar.

Es otra persona la que reúne el dinero para comprar todas las cosas, y es ella quien saborea los frutos de la compra. Es el padre quien siembra. Es él quien está ocupado y ansioso con sus especulaciones, arrugado tal vez por el estrés, y convertido en presuntuoso por los años de disgusto absoluto ante los esplendores e insignificancias de la vida de la moda.

El padre siembra y cosecha en la vida de su hija.

Pintar para la eternidad

Apeles, un artista griego, era conocido por el cuidado que ponía en su trabajo. Cuando alguien le preguntó por qué ponía tanto cuidado, respondió: "Porque estoy pintando para la eternidad".

Es algo solemne pensar que el futuro será la cosecha del presente: que mi condición en la hora de la muerte puede depender de mis acciones de hoy. La creencia en una vida futura y en un juicio venidero magnifica la importancia del presente. Los asuntos eternos dependen de esto. La oportunidad de sembrar no durará para siempre; se nos escapa de las manos momento a momento, y el futuro sólo puede revelar la cosecha de la semilla sembrada ahora.

Un escultor le mostró una vez su estudio a un visitante. Estaba lleno de estatuas de dioses. Una era bastante interesante. La cara estaba oculta por el pelo y tenía alas en cada pie.

— ¿Cómo se llama? —, preguntó el visitante.

— Oportunidad —, fue la respuesta.

— ¿Por qué tiene la cara oculta?

— Porque la gente rara vez la conoce cuando se les acerca.

— ¿Por qué tiene alas en los pies?

— Porque pronto se va, y una vez que se ha ido, ya nunca se le puede alcanzar.

Es prudente que aprovechemos al máximo las oportunidades que Dios nos ha dado. Depende mucho de nosotros mismos lo que será nuestro futuro. Podemos sembrar para obtener una buena cosecha, o podemos hacer como los indios Sioux, que cuando el Comisionado de Asuntos para los Indios de los Estados Unidos les envió una provisión de grano para plantar, se la comieron. La gente sacrifica constantemente su futuro eterno en pos del disfrute pasajero del momento presente. No reconocen, o se olvidan de reconocer, que el futuro dependerá del presente.

Todo lo que hacemos importa

Podemos aprender de esto que no existe un momento desperdiciado en la tierra. Cuando nos damos cuenta de que cada pensamiento, palabra y acción tiene una influencia eterna y volverá a nosotros de la misma manera que la semilla vuelve en la siega, debemos comprender la responsabilidad de cada pensamiento, palabra y acción, por poco importantes que parezcan en el momento. Tendemos a pasar por alto los resultados que dependen de las cosas pequeñas. La ley de la gravedad fue sugerida por la caída de una manzana. Se dice que hace algunos años un profesor de Harvard trajo a este país algunas polillas gitanas con la esperanza de poder cruzarlas ventajosamente con gusanos de seda. Las polillas se escaparon accidentalmente y se multiplicaron tan enormemente que el Estado de

Massachusetts tuvo que gastar cientos de miles de dólares tratando de exterminarlas.

Cuando Henry Stanley se abría paso a través de las selvas más oscuras de África, los enemigos más formidables con los que se encontró, los que más pérdidas de vidas causaron a su caravana y los que más cerca estuvieron de derrotar por completo a su expedición, fueron los hombrecillos de la tribu Wambutti. Dificultaron tanto su expedición que sólo se pudo avanzar muy lentamente por las zonas donde vivían.

Estos hombrecitos sólo tenían pequeños arcos y pequeñas flechas que parecían juguetes de niños, pero sobre estas diminutas flechas había una gotita de veneno que mataba a un elefante o a un hombre con la misma rapidez y seguridad que un rifle Winchester. Su defensa era por medio de veneno y trampas. Se deslizaban por la oscuridad del bosque y, esperando en una emboscada, dejaban volar sus mortíferas flechas antes de ser descubiertos. Cavaban zanjas y las cubrían cuidadosamente con hojas. Clavaban púas en el suelo, las cubrían con un veneno mortal y las tapaban. En estas zanjas y en estas púas, hombres y animales pisaban o caían hacia la muerte.

Una señora que le escribía a un joven de la marina que era prácticamente un desconocido, pensó: ¿Debo terminar esta carta como lo haría la mayoría de la gente, o debo incluir una palabra de mi Maestro? Animando a su corazón por un momento, le escribió y le dijo que su constante cambio de escenario y ubicación era una ilustración adecuada de la Palabra de Dios: *No tenemos aquí una ciudad permanente, sino que buscamos la que está por venir* (Hebreos 13:14). Temblando, la dobló y la envió.

Volvió la respuesta: "¡Muchas gracias por esas amables palabras! Soy huérfano y nadie me ha hablado así desde que mi madre murió hace muchos años". La flecha dio en el blanco, y el joven se regocijó poco después en la plenitud de la bendición del evangelio de la paz.

Un hombre poco conocido predicó un domingo a unas cuantas personas en una capilla metodista del sur de Inglaterra. Entre el público había un chico de quince años, que había llegado a la capilla por una tormenta de nieve. El hombre tomó como texto estas palabras: *Volveos a mí y sed salvos* (Isaías 45:22). Mientras el predicador avanzaba a tropezones como podía, la luz del cielo brilló en el corazón de aquel muchacho. Salió de la capilla salvado, y pronto fue conocido como C. H. Spurgeon, el joven predicador, que llegó a influir en millones de personas con el evangelio de Jesucristo.

La casa parroquial de Epworth, en Inglaterra, se incendió una noche y todos los que vivían allí fueron rescatados excepto un niño. El niño se asomó a una ventana y fue llevado a salvo al suelo por dos granjeros, uno de ellos de pie sobre el hombro del otro. El niño era John Wesley. Si quieren darse cuenta de la importancia de ese incidente, si quieren medir las consecuencias de ese rescate, sólo tienen que preguntar a los millones de metodistas que consideran a John Wesley como el fundador de su denominación.

Capítulo 2

No te engañes: Dios no puede ser burlado

Que nadie os engañe (Efesios 5:6)

¿O le engañaréis como se engaña a un hombre? (Job 13:9)

Todos hemos vivido lo suficiente como para saber lo que es ser engañado. Hemos sido engañados por nuestros amigos, por nuestros enemigos, por nuestros vecinos y por nuestros familiares. Compañeros impíos nos han engañado. En cada momento de la vida, hemos sido engañados de una manera u otra.

Los falsos maestros se han cruzado en nuestro camino y, fingiendo hacernos el bien, han envenenado nuestras mentes con el error. Nos han dado esperanzas que han resultado falsas. Eran manzanas de Sodoma:

hermosas por fuera, pero llenas de cenizas por dentro. Nos han dicho que no hay Dios, ni vida futura, ni juicio por venir. Han dicho que toda la gente se salvará, que hay mucho tiempo para arrepentirse, y que podemos salvarnos haciendo lo mejor que podamos.

El pecado nos ha engañado. Todo pecador está bajo un engaño. El pecado le sale al encuentro alegremente y le ofrece placeres y deleites que no son puros ni duraderos.

Durante nuestras reuniones en Boston, un joven entró en el tabernáculo. Miró a su alrededor y pensó para sí que la gente que iba allí — los que tenían negocios, casas cómodas y buenas ropas — eran grandes tontos. Este hombre no tenía nada en el mundo; era un vagabundo y había entrado allí para calentarse, pero pensar que las personas que tenían casas venían y pasaban su tiempo escuchando cosas como las que yo predicaba era más de lo que él podía entender.

Después de que había estado viniendo allí durante dos semanas, una noche señalé justo donde estaba sentado, y le dije: "¡Joven, no te engañes!". Dios usó eso como una flecha en su corazón. Comenzó a pensar en sí mismo. Su mente regresó a la época en que tenía una buena situación en Boston, cuando era un joven que se ganaba bien la vida, cuando tenía una vida cómoda y muchos amigos.

Luego miró su condición actual. Todos sus amigos se habían ido, sus ropas se habían ido, su dinero se había ido, y allí estaba — un marginado en esa ciudad. Se dijo a sí mismo: *he sido engañado*, y en esa misma hora Dios lo despertó. Quiso conseguir amigos para que oraran por él, pero como no podía comprar un trozo de papel ni pagar un sello postal, consiguió un viejo trozo de papel sucio, se puso de pie en la calle y escribió una petición para que fuera leída en el Tabernáculo. Su petición era que, si Dios podía salvar a un pobre hombre perdido como él, entonces él quería ser salvo. Su oración fue respondida. Como en el caso de Nabucodonosor, sus amigos se reunieron de nuevo a su alrededor y el Señor le devolvió su posición en la sociedad. Sus ojos se abrieron para ver cómo había sido engañado.

Satanás

¡Cuánta gente en todo el mundo está siendo engañada por el dios de este mundo! Se ha afirmado que durante la última guerra franco-alemana, los tamborileros y trompetistas alemanes solían dar a los franceses golpes y llamadas para engañar a sus enemigos. Se ha dicho que los alemanes daban a menudo la orden de "alto" o "cese de fuego", y que los soldados franceses eran así colocados en posiciones en las que podían ser abatidos como ganado.

Satanás es el archienemigo de nuestras almas, y a menudo ha enceguecido nuestra razón y engañado nuestra conciencia con sus mentiras y engaños. A menudo se ha presentado como *un ángel de luz* (2 Corintios 11:14), ocultando su horror bajo un disfraz prestado. Le dice a un joven: "Vive la vida loca, tu siembra no importa. Hay tiempo suficiente para volverse a Cristo después de envejecer". El joven se entrega a una vida de indulgencias y deseos egoístas bajo la falsa esperanza de que obtendrá satisfacción, y será bueno que despierte al engaño antes de que sus apetitos se conviertan en tiranos, arrastrándolo a las profundidades de la necesidad y la desdicha. Satanás promete grandes cosas a sus víctimas en la complacencia de sus lujurias, pero nunca se cumplen las promesas. El placer prometido se convierte en dolor y el cielo prometido, en un infierno.

Ten cuidado, no sea que Satanás te engañe como engañó a Eva en el principio. *No hay verdad en él. Cuando habla mentira, habla de su propia naturaleza, porque es mentiroso y el padre de la mentira* (Juan 8:44).

Nuestros corazones

Hemos sido engañados por nuestros propios corazones sobre todo. Todos hemos comprobado la verdad de este versículo bíblico: *Más engañoso que todo, es el corazón, y sin remedio; ¿quién lo comprenderá?* (Jeremías 17:9). ¡Cuántas veces hemos dicho que no volveríamos a hacer una determinada cosa, y luego vamos y la hacemos otra vez en menos de veinticuatro horas! Una persona puede pensar que ha llegado a lo más profundo, pero descubre que hay más profundidades que no ha alcanzado. ¡Cómo nos sometemos a este autoengaño tan absoluto! Él que confía en su propio corazón es un necio dijo Salomón (Proverbios 28:26). Martín Lutero dijo una vez que temía más a su propio corazón que al Papa y a todos los cardenales.

Muchas esposas han venido a mí, llorando y diciendo acerca de sus maridos: "Él es bueno de corazón". La verdad es que su corazón es el peor punto de él. Si el corazón fuera bueno, todo lo demás estaría bien. Del corazón salen los asuntos de la vida (Proverbios 4:23). Jesús dijo: *Porque de adentro, del corazón de los hombres, salen los malos pensamientos, fornicaciones, robos, homicidios, adulterios, avaricias, maldades, engaños, sensualidad, envidia, calumnia, orgullo e insensatez* (Marcos 7:21-22). Esa es la declaración de Cristo con respecto al corazón no regenerado.

Hace algunos años se expuso en Londres un cuadro extraordinario. Al mirarlo de lejos, parecía que se veía a un monje rezando con las manos juntas y la cabeza inclinada. Sin embargo, cuando te acercabas y examinabas el cuadro más de cerca, veías que en realidad estaba exprimiendo un limón en una ponchera. ¡Qué imagen del corazón humano! Examinado superficialmente, se piensa que el corazón es la sede de todo lo que es bueno y noble y agradable en una persona pero en realidad, hasta que es regenerado por el Espíritu Santo, es la sede de toda la corrupción. *Y este es el juicio: que la luz vino al mundo, y los hombres amaron más las tinieblas que la luz, pues sus acciones eran malas* (Juan 3:19).

Un rabino judío preguntó una vez a sus eruditos qué era lo mejor que podía tener un hombre para mantenerse en el camino recto. Un erudito dijo que una buena disposición era lo mejor, otro dijo que era un buen compañero, y otro dijo que la sabiduría era lo mejor que podía desear. Por último, otro erudito respondió que, en su opinión, lo mejor de todo era un buen corazón.

"Es cierto", dijo el rabino. "Has comprendido todo lo que los demás han dicho. Porque quien tiene un buen corazón tendrá una buena disposición y será un buen compañero y un hombre sabio. Por tanto, que cada uno cultive la sinceridad y la rectitud de corazón en todo momento, y eso le ahorrará abundantes penas." Debemos orar como David: *Crea en mí, oh Dios, un corazón limpio, y renueva un espíritu recto dentro de mí* (Salmo 51:10).

Dios no puede ser burlado

Tenga en cuenta que el Dios de la Biblia nunca ha engañado a nadie, nunca puede engañar a nadie y nunca engañará a nadie. Esa es la diferencia entre el Dios de la Biblia y el dios de este mundo. El Dios de la Biblia ve y conoce los caminos de los hombres. Él mira dentro de sus corazones. Él conoce sus caminos secretos. Ellos no necesitan tratar de decirle sus secretos o tratar de ocultarle algo.

No importa cuán exitosamente podamos engañar o ser engañados por nosotros mismos o por otros, no podemos engañar a Dios. Adán y Eva lo intentaron en el Edén cuando se escondieron de la presencia de Jehová entre los árboles del jardín (Génesis 3:8). Saúl lo intentó cuando dejó con vida a lo mejor de las ovejas y bueyes de los amalecitas con el pretexto de sacrificarlos a Dios (1 Samuel 15). Ananías y Safira lo intentaron cuando mintieron al retener parte del precio de la tierra que vendieron. Pedro le dijo a Ananías: ¿por qué ha llenado Satanás tu corazón para mentir al Espíritu Santo, y quedarte con parte del precio del terreno? Mientras estaba sin venderse, ¿no te pertenecía? Y después de vendida, ¿no estaba bajo tu poder? ¿Por qué concebiste este asunto en tu corazón? No has mentido a los hombres sino a Dios (Hechos 5:3-4).

La gente lo intenta todos los días. Por alguna razón piensan que se puede burlar a Dios. Como pueden engañar a su pastor, a su empleador y a sus amigos, creen que pueden engañar a Dios. Se ponen falsas apariencias, usan palabras vacías, realizan un servicio irreal, ponen excusas ociosas, y se entregan a todo tipo de hipocresía, pero no sirve de nada. Dios no puede ser engañado. Él ve la corrupción dentro del sepulcro blanqueado.

Advertencia a los cristianos

Vale la pena mencionar que Pablo hizo esta advertencia a los cristianos — a los seguidores de Cristo de la iglesia de Galacia. Después de todo, una persona no se engaña todo el tiempo sobre sus pecados. El borracho se da cuenta en sus momentos de sobriedad de cuál será el resultado si continúa con su vida de alcohol. La pérdida del respeto a sí mismo y de la estima de los amigos, los síntomas que pronto empieza a tener en su cuerpo, como manos inestables y rasgos descoloridos — estos síntomas son la rápida siega de la embriaguez y pueden detectarse fácilmente a medida que maduran. La persona inmoral suele segar el fruto temprano de su pecado en enfermedades del cuerpo, que a menudo son advertencias efectivas para no continuar en un camino tan peligroso. Pero con los pecados "respetables" es diferente. Una persona puede estar sembrando durante años y ni siquiera darse cuenta de ello.

Recuerdas que en la parábola del sembrador algunas semillas cayeron entre espinos, y los espinos brotaron y las ahogaron. Nuestro Maestro, exponiendo esta parábola, dijo: *Y aquel en quien se sembró la semilla entre espinos, éste es el que oye la palabra, mas las preocupaciones del mundo y el engaño de las riquezas ahogan la palabra, y se queda sin fruto* (Mateo 13:22). ¿Quién iba a esperar que éste fuera el resultado del mundo o de las riquezas? Se ha dicho que Cristo nunca habló de las riquezas, excepto en palabras de advertencia. Hoy no solemos considerarlas así. Las personas se pisotean unas a otras en la búsqueda de la riqueza. No te engañes. El que pone su corazón en el dinero está sembrando para la carne, y de la carne cosechará corrupción. "La adversidad ha matado a sus mil, pero la prosperidad a sus diez mil"[2]

— ¿Cuál es el valor de esta finca? —, le dijo un caballero a otro cuando pasaron frente a una hermosa mansión rodeada de hermosos y fértiles campos.

— No sé en qué está valorada, pero sé lo que le costó a su último poseedor.

¿Cuánto?

— Su alma.

Un clérigo inglés fue llamado al lecho de muerte de un rico feligrés. Arrodillándose junto al moribundo, el pastor le pidió que le tomara la mano mientras oraba

---

2 Esta cita es del libro, *Precious Remedies Against Satan's Devices* [*Remedios Preciosos Contra las Artimañas de Satanás*] (ISBN-10: 0851510027) escrito por el pastor y autor puritano no conformista, Thomas Brooks (1608-1680). La cita es similar a la de 1 Samuel 18:7: Saúl ha matado a sus miles y David a sus diez miles.

por su fortaleza en esa hora solemne, pero éste se negó a darle la mano al pastor. Cuando llegó la muerte y bajaron las sábanas, le encontraron las manos rígidas sosteniendo con fuerza la llave de su caja fuerte. Su corazón y su mano se aferraron a sus posesiones hasta el final, pero no pudo llevárselas consigo.

Una persona puede ser orgullosa, y su pecado puede ser considerado una virtud por algunos hombres. Escucha lo que dice la Palabra de Dios: *Ojos altivos y corazón arrogante... eso es pecado* (Proverbios 21:4), y *Abominación al Señor es todo el que es altivo de corazón* (Proverbios 16:5).

Estos son los errores que comete la gente. Llevan una vida respetable y creen que todo está bien. No reconocen la mancha de corrupción en muchos de los objetos más preciados de sus corazones. Aquellos que profesan ser cristianos necesitan especialmente tener cuidado de no ser engañados.

Negligencia

¡Cuánto cuidado deberían tener las personas con sus pensamientos, prácticas y sentimientos! La razón del engaño es, en su mayor parte, la negligencia. La gente no se detiene a examinarse a sí misma, a abrir su corazón y su mente como a la vista de Dios, y a juzgarse por Su santísima voluntad. Una persona no necesita pegarse un tiro para suicidarse; sólo necesita descuidar los medios adecuados de sustento, y pronto morirá. Cuando un enemigo es fuerte y agresivo, el ejército está condenado a una derrota y captura seguras a menos que se mantenga una vigilancia aguda, con cada persona bien despierta en su puesto de trabajo.

Se ha observado que en Suiza hay más accidentes en las estaciones de clima agradable que en las tormentosas. La gente es propensa a emprender expediciones que no emprendería en condiciones menos favorables, y es menos cuidadosa en su conducta. De la misma manera, el desastre moral y espiritual suele alcanzar a las personas cuando no guardan sus corazones y cuando son descuidados con la tentación. Se vuelven orgullosos y autosuficientes en las épocas de prosperidad, mientras que la adversidad los impulsa a acudir al Dios vivo en busca de guía y consuelo.

El Dr. Samuel Johnson dijo una vez que la razón de tanto engaño y falsedad en el mundo se debe más al descuido de la verdad que a la mentira intencionada, y por lo tanto hay una gran necesidad de vigilancia continua. Los persas tenían un festival anual en el que mataban a todas las serpientes y criaturas venenosas que podían encontrar, pero luego les permitían pulular tan rápida y libremente como siempre hasta que llegaba de nuevo el festival. Era una mala política. Los pecados, al igual que las serpientes, se reproducen rápidamente y deben ser vigilados constantemente.

Nosotros también debemos vigilar por todos lados. Muchas personas han caído precisamente en el momento o el punto en el que se creían más seguras. La mansedumbre de Moisés se ha convertido en un proverbio, y sin embargo perdió la tierra prometida porque permitió que los hijos de Israel le provocaran, y habló imprudentemente con sus labios. Pedro era el más celoso y desafiante de los discípulos, audaz y franco, y sin embargo se degeneró por poco tiempo en un cobarde mentiroso, jurando y escapándose temeroso de una criada.

Hay una vieja fábula que cuenta que una cierva con un solo ojo solía pastar cerca del mar. Para estar segura, mantenía su ojo ciego hacia el agua, de cuyo lado no esperaba ningún peligro, mientras que con el ojo bueno vigilaba el campo. Algunos hombres, al darse cuenta de esto tomaron una barca y se acercaron a ella desde el mar y le dispararon. Con su último aliento, dijo: "¡Oh! Qué destino tan difícil, que reciba mi herida de muerte desde ese lado en el que no esperaba ningún daño, y estaba a salvo en la parte en la que buscaba más peligro".

Deja que el peligro y la necesidad te acerquen a Dios. Él nunca se adormece ni duerme (Salmo 121:4), y tú estarás a salvo en Su custodia. Aférrate a Él en la oración. *Velad y orad* (Mateo 26:41).

El cristianismo no es responsable del engaño

El cristianismo no es responsable del engaño que existe entre sus discípulos profesantes. Se ha utilizado antes el ejemplo de que se podría responsabilizar a la compañía de cruceros Cunard del suicidio de un pasajero que saltó por la borda de uno de sus barcos en el mar. Si la persona hubiera permanecido en el barco habría estado a salvo, y si el discípulo se hubiera mantenido fiel a sus principios, nunca habría resultado ser un hipócrita.

¿Hubo alguien más severo en denunciar la hipocresía que Jesucristo? ¿Quieres saber la razón por la que la Iglesia se escandaliza de vez en cuando por la exposición de algún miembro destacado de la iglesia o incluso del pastor? No es por su cristianismo, sino por su falta de él. Algún pecado secreto ha estado comiendo el corazón del árbol, y en un momento crítico es derribado y se revela su podredumbre.

El engaño no puede durar para siempre

Es imposible que el engaño dure para siempre. Abraham Lincoln decía que se puede engañar a toda la gente en algún momento, y a parte de la gente en todo momento, pero no se podrá engañar a toda la gente en todo momento. La muerte descubrirá el engaño si no se ha detectado antes, y la desafortunada víctima estará, sin poder engañar, en presencia de un Dios que no puede ser burlado.

Capítulo 3

Cuando un hombre siembra, espera segar

Mirad cómo el labrador espera el fruto precioso de la tierra, siendo paciente en ello hasta que recibe la lluvia temprana y la tardía (Santiago 5:7)

Observa estas cuatro cosas sobre la siembra y la siega:

1. Una persona espera segar cuando siembra.
2. Espera segar la misma clase de semilla que siembra.
3. Espera segar más de lo que siembra.
4. El desconocimiento de la clase de semilla no supone ninguna diferencia.

En primer lugar, cuando una persona siembra, espera

segar. Si un agricultor siguiera sembrando primavera tras primavera y nunca segara en el otoño, se podría decir que no es muy sabio y que podría estar loco. En cambio, un buen agricultor siempre espera el momento en que segará la recompensa de su trabajo. Nunca espera que la semilla que ha sembrado se pierda.

Un joven que realiza un largo aprendizaje de algún oficio o profesión espera recoger finalmente el fruto de todos esos años de paciente trabajo y formación. Pregúntale a un ingeniero por qué trabaja tan duro durante cinco, seis o siete años en el empeño de aprender su profesión. Responde que está esperando el momento de la siega, cuando se gane su fortuna y su reputación. El abogado estudia mucho y con ahínco, pero también anticipa el momento en que tendrá muchos clientes y se verá recompensado por su esfuerzo. Un gran número de estudiantes de medicina tienen dificultades para mantenerse mientras están en la universidad. Sin embargo, en cuanto obtienen sus diplomas y se convierten en médicos, esperan que se acerque el momento de la siega. Para eso han trabajado.

Algunas cosechas maduran casi de inmediato, pero en general, en el mundo natural nos encontramos con que hay un cierto retraso antes de que la semilla llegue a la madurez. Sin embargo, está creciendo todo el tiempo. Primero, el pequeño brote verde irrumpe en la tierra. Luego vemos la hoja, la mazorca y, finalmente, el maíz completo en la mazorca. El agricultor no se siente decepcionado porque todas sus cosechas no surjan en una noche como las setas. Espera con paciencia, sabiendo que el momento de la siega llegará a su debido tiempo.

Lo mismo ocurre con la cosecha de nuestras acciones. Pocas personas, si es que hay alguna, se entregarían al pecado si no esperaran obtener placer de él. Un borracho no bebe por el mero hecho de beber, sino con la esperanza de disfrutar en el presente. Un ladrón no roba por el mero hecho de robar, sino por el deseo de obtener una ganancia. Lo mismo ocurre con el hombre bueno. No hace sacrificios por el mero hecho de sacrificarse, sino porque al hacerlo espera hacer el bien y ayudar a los demás. Todas estas cosas son medios para conseguir un fin; siempre hay una expectativa de cosecha.

La certeza de la siega

El texto quiere que esperemos la certeza de la cosecha: *todo lo que el hombre siembre, eso también segar*á (Gálatas 6:7).

Sabemos lo que es tener un fracaso en los cultivos, pero tal fracaso no es posible en el mundo espiritual. En el mundo físico, la tierra húmeda puede pudrir la semilla, las heladas pueden afectar los primeros brotes, o el tiempo puede resultar demasiado húmedo o demasiado seco para que los cultivos maduren, pero ninguna de estas cosas ocurre para impedir la cosecha de nuestras acciones. La Biblia nos dice que Dios dará a cada hombre según sus obras:

> *Mas por causa de tu terquedad y de tu*
> *corazón no arrepentido, estás acumulando*

> *ira para ti en el día de la ira y de la revelación del justo juicio de Dios, el cual pagará a cada uno conforme a sus obras: a los que por la perseverancia en hacer el bien buscan gloria, honor e inmortalidad: vida eterna; pero a los que son ambiciosos y no obedecen a la verdad, sino que obedecen a la injusticia: ira e indignación* (Romanos 2:5-8)

Cuánto cuidado debemos tener con nuestras acciones en todos los ámbitos de nuestro ser: físico, moral e intelectual. Los actos que realizamos, las palabras que pronunciamos y los pensamientos que albergamos quedan registrados y tendrán su justa recompensa, pues Dios no hace acepción de personas.

No hay que olvidar que la cosecha es una consecuencia necesaria de la siembra. Se ha dicho que Dios no es una especie de tirano moral, como se le considera tan a menudo. No se sienta en un trono para imponer castigos a las acciones particulares que se someten a juicio. Él ha establecido ciertas leyes, de las cuales la ley de la siembra y la siega es una, y el castigo es el resultado natural del pecado. No hay escapatoria. Hay que aceptarlo y afrontarlo. Aunque otros tengan que segar contigo, nadie puede segar *por* ti.

El texto enseña además que la cosecha es de dos tipos. Hay dos, y sólo dos direcciones a las que conduce la ley: (1) sembrar en la carne, y una cosecha de corrupción, o (2) sembrar en el Espíritu, y una cosecha de vida eterna.

Sembrar para la carne

Sembrar para la carne no significa simplemente cuidar adecuadamente el cuerpo. El cuerpo fue hecho a la imagen de Dios, y el cuerpo de un creyente es el templo del Espíritu Santo. Por lo tanto, podemos estar seguros de que el cuidado apropiado del cuerpo es agradable a Dios. "Sembrar para la carne" se refiere más bien a ceder a los deseos del cuerpo, complaciéndolo, proporcionando gratificación a sus deseos ilícitos a expensas del alma, y complaciendo las tendencias animales que son pecaminosas en su exceso. Sembrar para la carne es esparcir las semillas del egoísmo, que siempre produce una cosecha de corrupción.

Mientras estábamos en la carne, las pasiones pecaminosas despertadas por la ley, actuaban en los miembros de nuestro cuerpo a fin de llevar fruto para muerte (Romanos 7:5). ¿Qué dice Pablo que son las obras de la carne? *Inmoralidad, impureza, sensualidad, idolatría, hechicería, enemistades, pleitos, celos, enojos, rivalidades, disensiones, sectarismos, envidias, borracheras, orgías, y cosas semejantes* (Gálatas 5:19-21).

Estuve en la exposición de París en 1867,[3] y me fijé en un pequeño cuadro al óleo de unos treinta centímetros cuadrados, la cara allí era la más horrible que jamás hubiera visto. En el papel pegado al lado de la pintura estaban las palabras: "Sembrando la cizaña", y la cara parecía más la de un demonio que la de un hombre. Mientras sembraba la cizaña, surgían serpientes

---

3   La Exposition Universelle (Exposición Internacional) de 1867 fue la mayor feria mundial. Millones de personas asistieron a esta feria que celebraba los logros científicos e industriales y contenía más de cincuenta mil exposiciones.

y reptiles que se arrastraban por su cuerpo. Alrededor había bosques con lobos y otros animales merodeando. He visto esa imagen muchas veces desde entonces. El tiempo de la siega se acerca. Si siembras para la carne, entonces vas a segar de la carne. Si siembras para el viento, vas a segar tempestades (Oseas 8:7).

Sin embargo, no debe pensarse que la indulgencia en los pecados más evidentes es la única forma de sembrar para la carne. Todo deseo y toda acción que no tenga a Dios como fin y objeto es semilla sembrada para la carne. Si alguien está sembrando para obtener una cosecha de dinero o fama, está sembrando para la carne y segará corrupción, tan ciertamente como el mentiroso y el adúltero. Por muy educada, refinada y respetable que sea la semilla y por mucho que se parezca a la buena semilla, su verdadera naturaleza saldrá a la luz y la contaminación de la corrupción caerá sobre ella.

¡Cuán insensatos son los esfuerzos de tantas personas en vista de este juicio! Mucha gente sacrificará su tiempo, su salud e incluso su carácter por el dinero. ¿Qué gana? ¡Corrupción! algo que no es eterno y que no tiene las cualidades de la vida eterna. El apóstol Juan dijo: *El mundo pasa, y también sus pasiones* (1 Juan 2:17), y Pedro nos dice: *Toda carne es como la hierba, y toda su gloria como la flor de la hierba. Sécase la hierba, cese la flor* (1 Pedro 1:24). Ninguna de estas cosas carnales tiene sus raíces en lo eterno. Puede que incluso las sobrevivas en tu corta vida.

No hay un puente

La gente comete el error de sembrar para la carne mientras piensa que segará la cosecha del Espíritu. Por otro lado, siembran para el Espíritu y se decepcionan cuando no recogen una cosecha mundana.

Un profesor de la escuela dominical había estado contando a su clase la parábola del hombre rico y Lázaro. Preguntó: "¿Qué prefieres ser, el hombre rico o Lázaro?".

Un niño respondió: "Prefiero ser el hombre rico mientras viva y Lázaro cuando muera".

Eso no puede ser. Es carne y corrupción o Espíritu y vida eterna. No hay puente de uno a otro.

La semilla que se siembra para una cosecha espiritual no tiene ninguna tendencia a producir bienestar terrenal. Cristo declaró:

Bienaventurados los que lloran, pues ellos serán consolados.

Bienaventurados los humildes, pues ellos heredarán la tierra.

Bienaventurados los que tienen hambre y sed de justicia, pues ellos serán saciados.

Bienaventurados los misericordiosos, pues ellos recibirán misericordia.

Bienaventurados los de limpio corazón, pues ellos verán a Dios (Mateo 5:4-8)

Puedes ver la santa visión del Todopoderoso: la plenitud de la justicia y el consuelo divino. Aquí no hay nada terrenal. Son resultados espirituales para el trabajo espiritual. No se dice que los puros de corazón se enriquecerán, o que los que tienen hambre y sed de justicia se saciarán de pan (sino que se llenarán de justicia), o que los que lloran se levantarán en la vida y serán famosos. Cada departamento tiene su propia cosecha apropiada reservada exclusivamente para su propio método de siembra.

Cada cosa obtiene su propia cosecha; cada acto tiene su propia recompensa. Antes de codiciar el disfrute que otro posee, hay que calcular el costo con el que se obtuvo. Por ejemplo, el empresario cristiano se queja de que su honestidad es un obstáculo para su éxito, que la marea de dinero se derrama a las puertas de su vecino menos honesto, mientras él mismo espera durante horas sin ninguna venta. Hermano mío, ¿crees que Dios va a recompensar el honor, la integridad y la santidad con las recompensas de este mundo? ¿Crees que Él va a recompensar la excelencia espiritual con dinero y fama?

Considera el precio que el hombre ha pagado por su éxito mundano: tal vez vergüenza mental y deshonra interior. Sus anuncios son todos engañosos, el trato que da a sus empleados es tiránico, y sus precios baratos son posibles gracias a un material inferior. Si siembras la semilla de ese hombre, recogerás la cosecha de ese hombre. El dinero puede venir a ti si engañas, mientes y eres deshonesto en lo que dices, pero si el precio es demasiado alto, y te aseguro que lo es, deja que él tenga su cosecha y tú tendrás la tuya: una conciencia limpia, una mente pura y rectitud por dentro y por fuera. ¿Renunciarás a eso por la cosecha de la persona mundana?

Sembrar para el Espíritu

Sembrar para el Espíritu implica negar el yo, resistir el mal, obedecer al Espíritu, caminar en el Espíritu, vivir en el Espíritu y ser guiado por el Espíritu. Sembramos para el Espíritu cuando utilizamos nuestras habilidades y medios para hacer avanzar las cosas espirituales. Sembramos para el Espíritu cuando apoyamos y animamos a los que están extendiendo la influencia del Espíritu. Sembramos para el Espíritu cuando crucificamos la carne y todos sus deseos, y cuando nos sometemos a Él como una vez nos sometimos a la carne. Un rabino judío dijo una vez: "Hay en cada persona dos impulsos: el bueno y el malo. El que cede sus impulsos malos a Dios ofrece el mejor sacrificio".

El fruto de esta siembra es: *es amor, gozo, paz, paciencia, benignidad, bondad, fidelidad, mansedumbre, dominio propio; contra tales cosas no hay ley. Pues los que son de Cristo Jesús han crucificado la carne con sus pasiones y deseos* (Gálatas 5:22-24). En este mundo, la cosecha es el crecimiento del carácter, un mayor respeto y una mayor utilidad para los demás; en el otro mundo, la cosecha es la aceptación por parte de Dios y la vida eterna.

Entre las últimas palabras registradas de [William] Lloyd Garrison en sus discursos públicos en Inglaterra se encuentran estas: "Comencé mi defensa de la causa contra la esclavitud en los estados del norte de América en medio de ladrillos y huevos podridos, y la terminé en el suelo de Carolina del Sur casi literalmente enterrado bajo las coronas de flores que me lanzaron sus siervos liberados".

Un joven fue contratado por una gran empresa de la ciudad de Nueva York durante la última guerra civil, para negociar con cierto grupo un cargamento de granos dañados. Los frijoles se compraron, se entregaron y se extendieron en el piso superior del edificio ocupado por la empresa. Se emplearon hombres para darles la vuelta y rociarlos con una solución de sosa, con el fin de mejorar su aspecto y hacerlas más vendibles. A continuación, se compró un gran cargamento de frijoles de buena calidad. Una parte de los granos buenos se colocó primero en barriles, y luego los barriles se llenaron casi por completo con los malos. A continuación, se volvieron a colocar las buenas en la parte superior y se cerraron los barriles.

El patrón marcó los barriles: " Frijoles - A1". El empleado vio y preguntó:

— ¿Cree usted, señor, que es correcto marcar estos frijoles 'A1'?.

El empresario replicó bruscamente:

— ¿Es acaso usted el jefe de la empresa?

El empleado no dijo nada más. Continuaron con el proceso de colocar los frijoles en barriles. Cuando todo estuvo listo, los frijoles (muchos cientos de barriles) se pusieron a la venta. En la oficina, los ejemplares de mejor calidad se exhibieron a los potenciales compradores.

Más tarde, entró un comprador astuto (nadie es tan astuto en los negocios como para no encontrarse a menudo con su igual), examinó las muestras en la oficina, preguntó el precio y luego pidió ver la mercancía a granel. Se ordenó al empleado que acompañara al comprador al almacén superior y le mostrara la mercancía. Se le mostró un barril abierto, aparentemente de la misma calidad que el de la muestra. El comprador le dijo entonces al empleado:

—Joven, las muestras de frijoles que me han mostrado son de primera calidad, y es imposible comprar frijoles en cualquier lugar del mercado por el precio que usted los ofrece; aquí hay algo que no está bien. Dígame, ¿estos frijoles son de la misma calidad en todo el barril que las que aparecen en la parte superior?".

El empleado se encontró ahora en una posición difícil. Pensó: "¿Debo mentir por mi patrón, como sin duda quiere que lo haga, o debo decir la verdad, sin importar el resultado?".

Se decidió por la verdad y dijo:

— No, señor. No lo son.

— Entonces —, dijo el cliente, — no los quiero —, y se fue.

El empleado entró en la oficina. El empresario le preguntó:

— ¿Le has vendido a ese hombre esos frijoles?

Respondió:

— No, señor.

— ¿Por qué no?

— Bueno, señor, el hombre me preguntó si esos frijoles eran de la misma calidad en todo el barril como en la parte superior. Le dije que no lo eran. Entonces dijo: 'No los quiero', y se fue.

— Ve a la caja —, le dijo el patrón, — y cobra tu despido; ya no te queremos.

Recibió su paga y salió de la oficina, regocijándose de no haber mentido con el fin de ayudar a la codicia deshonesta y beneficiar a un empleador sin principios.

Tres semanas después, la empresa mandó llamar al joven empleado y le pidió que volviera a trabajar para ellos. Le ofrecieron trescientos dólares más al año como salario de lo que le habían dado antes. De este modo, su honestidad y veracidad fueron recompensadas. La empresa sabía y sentía que el hombre tenía razón, aunque aparentemente habían perdido mucho dinero por su honestidad. Querían tenerlo de nuevo en su empleo, porque sabían que podían confiar en él y que nunca sufrirían por el fraude o engaño. Sabían que sus intereses financieros estarían a salvo bajo su custodia. Respetaban y honraban a aquel joven.

La lección de paciencia

Aprendamos la lección de paciencia. *Mirad cómo el labrador espera el fruto precioso de la tierra, siendo paciente en ello hasta que recibe la lluvia temprana y la tardía* (Santiago 5:7). La demora no significa necesariamente la negación. Con demasiada frecuencia, una generación es la que siembra y otra tiene que segar. El Señor es un *Dios celoso, que castiga la iniquidad de los padres sobre los hijos, y sobre la tercera y la cuarta generación de los que me aborrecen* (Deuteronomio 5:9).

En los primeros años de la existencia de Israel como nación, Dios les ordenó dar descanso a la tierra de Canaán cada siete años:

Seis años sembrarás tu tierra y recogerás su producto; pero el séptimo año la dejarás descansar, sin cultivar, para que coman los pobres de tu pueblo, y de lo que ellos dejen, coman las bestias del campo. Lo mismo harás con tu viña y con tu olivar (Éxodo 23:10-11)

Desde el momento en que Saúl fue ungido como rey, esta ley no fue observada. Después de 490 años, Dios entregó a la nación en cautiverio por setenta años. Durante este período la tierra tuvo setenta años sabáticos de descanso para compensar los años de descanso de los que había sido privada. Los primeros israelitas sembraron la amarga semilla de la desobediencia, y sus descendientes tuvieron que recoger la cosecha en el exilio y el cautiverio.

Un importante cirujano realizó un día una operación crítica ante su clase. La operación fue un éxito, por lo que respecta a su parte. Sin embargo, se dirigió a la clase y dijo: "Hace seis años, una forma de vida sabia podría haber evitado esta enfermedad. Hace dos años, una operación segura y sencilla podría haberla curado. Hoy hemos hecho lo mejor que hemos podido en este caso, pero la naturaleza tendrá la última palabra. No siempre revoca sus sentencias de muerte". Al día siguiente el paciente murió, cosechando el fruto de sus excesos.

Paul dice: *no nos cansemos de hacer el bien, pues a su tiempo, si no nos cansamos, segaremos* (Gálatas 6:9).

En una charla con un entrevistador, Thomas Edison predicó inconscientemente un poderoso sermón sobre la perseverancia y la paciencia. Describió sus repetidos esfuerzos para hacer que el fonógrafo reprodujera el sonido aspirado, y luego añadió: "De dieciocho a veinte horas al día durante los últimos siete meses he trabajado solamente en la palabra especia. Decía en el fonógrafo 'especia, especia, especia', pero el instrumento respondía 'pecia, pecia, pecia'. Era suficiente para volverse loco. Pero me mantuve firme, y lo he logrado".

Daniel Webster recibió un caso de seguros cuando era un joven abogado en Portsmouth, New Hampshire. Sólo se trataba de una pequeña cantidad de dinero, y lo único que se prometía eran unos honorarios de veinte dólares. Webster se dio cuenta de que, para hacer justicia a su cliente, tendría que viajar a Boston para consultar la biblioteca jurídica. Utilizaría todo el dinero al ir allí, y no recibiría una compensación adecuada por el tiempo que pasára allí, pero estaba decidido a hacerlo lo mejor posible, cueste lo que cueste. Así que Webster fue a Boston, consultó la ley y ganó el caso.

Años más tarde, Webster — que entretanto se había hecho famoso — estaba de paso por Nueva York. Ese día debía juzgarse un importante caso de seguros, y uno de los abogados había enfermado repentinamente. El dinero no era problema, y se le rogó a Webster que nombrara sus condiciones y dirigiera el caso.

"Les dije", dijo el Sr. Webster, "que era absurdo esperar que preparara un argumento legal con sólo unas horas de antelación. Sin embargo, insistieron en que mirara los papeles y finalmente accedí a hacerlo. Era de nuevo mi viejo caso de los veinte dólares, y como nunca olvido nada, tenía todas las autoridades al alcance de la mano. El tribunal sabía que no había tenido tiempo de prepararse, y se quedaron asombrados de la amplitud de los argumentos de mi caso. Así que, como ven, aquel viaje a Boston me fue recompensado con creces, tanto en fama como en dinero. La moraleja es que el buen trabajo se ve recompensado al final".

Dos hombres buscaban oro en California. Trabajaron durante mucho tiempo y no consiguieron nada. Por fin, uno de ellos tiró sus herramientas y dijo: "Me iré de aquí antes de que nos muramos de hambre", y se marchó. La paciencia de su compañero se vio recompensada al día siguiente, cuando encontró una pepita que le sirvió de sustento hasta que hizo una fortuna.

> *Como la sentencia contra una mala obra no se ejecuta enseguida, por eso el corazón de los hijos de los hombres está en ellos entregado enteramente a hacer el mal. Aunque el pecador haga el mal cien veces y alargue su vida, con todo, yo sé que les irá bien a los que temen a Dios, a los que temen ante su presencia. Pero no le irá bien al impío, ni alargará sus días como una sombra, porque no teme ante la presencia de Dios* (Eclesiastés 8:11-13)

La idea de que algo nunca saldrá a la luz porque se hace en

la oscuridad es fatal. Dios dice que saldrá a la luz. Es una tontería que alguien que ha cubierto sus pecados piense que no serán descubiertos y que no habrá un juicio final. Mira a los hijos de Jacob. Vendieron a José y engañaron a su padre. Pasaron veinte largos años, y su pecado los siguió hasta Egipto, porque dijeron: *Verdaderamente somos culpables en cuanto a nuestro hermano* (Génesis 42:21). La hora de la siega había llegado por fin para aquellos diez muchachos que vendieron a su hermano.

Una vez estaba predicando en Chicago y se me acercó una mujer que estaba casi fuera de sí. Hay algunas personas que se burlan de las reuniones religiosas y dicen que la religión vuelve loca a la gente. Es el pecado lo que vuelve loca a la gente. Es la falta de Cristo lo que hunde a la gente en la desesperación.

Esta mujer tenía una familia de niños. Uno de sus vecinos había muerto, y su marido había traído a casa un niño pequeño. Ella dijo: "No quiero al niño", pero su marido le dijo: "Tienes que aceptarlo y cuidarlo". Ella contestó que ya tenía suficiente con sus propios hijos, y le dijo a su marido que se llevára a ese niño, pero él no quiso. Confesó que trató de hacer pasar hambre al niño, pero que éste seguía allí. Una noche lloró toda la noche. Supongo que quería comida. Al final cogió la ropa, la tiró por encima del niño y lo asfixió. Nadie la vio hacerlo. Nadie supo nada de ello. El niño fue enterrado. Habían pasado años, pero ella dijo: "Oigo la voz de ese niño día y noche. Me ha vuelto casi loca". Nadie vio el acto, pero Dios lo había visto, y esta consecuencia fue la retribución. No hace falta ir a la Biblia para descubrirlo. La historia está llena de estas cosas.

Capítulo 4

Esperamos segar lo mismo que sembramos

Y produjo la tierra vegetación: hierbas que dan semilla según su género, y árboles que dan fruto con su semilla en él, según su género (Génesis 1:12)

¿Acaso se recogen uvas de los espinos o higos de los abrojos? (Mateo 7:16)

Porque si vivís conforme a la carne, habréis de morir; pero si por el Espíritu hacéis morir las obras de la carne, viviréis (Romanos 8:13)

Si te dijera que el año pasado planté diez hectáreas de trigo y salieron sandías, o que sembré pepinos y recogí nabos, no lo creerías. Es una ley fija que se cosecha la misma clase de semilla que se siembra.

Siembra trigo y segarás trigo. Siembra una bellota y crecerá un roble. Siembra un pequeño olmo y con el tiempo tendrás un gran olmo.

Un día, el amo de Lukman, un escritor oriental de fábulas, le dijo: "Ve a ese campo y siembra cebada". Lukman sembró avena en su lugar. En el momento de la cosecha, su amo fue al campo y vio cómo brotaba la avena verde. Le preguntó a Lukman:

— ¿No te dije que sembraras cebada aquí? ¿Por qué entonces has sembrado avena?

Respondió:

— Sembré avena con la esperanza de que creciera cebada.

Su amo le dijo:

— ¿Qué tontería es ésta? ¿Has oído alguna vez algo así?

Lukman respondió:

— Tú mismo estás sembrando constantemente las semillas del mal en el campo del mundo, y sin embargo esperas cosechar los frutos de la virtud en el día de la resurrección. Por eso, también pensé que podría obtener cebada sembrando avena.

El amo se avergonzó de la respuesta y concedió la libertad a Lukman.

Lo semejante produce lo semejante en la vegetación, y lo semejante produce lo semejante en el trabajo. Si un hombre ha aprendido el oficio de carpintero, no espera destacar como relojero. Si ha trabajado duro para adquirir conocimientos de derecho, no espera practicar la medicina para ganarse la vida. La gente espera cosechar en la misma línea que ha aprendido.

Esta ley es tan cierta en el reino de Dios como en

el reino del hombre. Es tan cierta en el mundo espiritual como en el mundo natural. Al sembrar cizaña, voy a segar cizaña. Si siembro una mentira, voy a segar mentiras. Si siembro adulterio, voy a segar adúlteros. Si siembro whisky, voy a cosechar borrachos. No puedes borrar esta ley, porque siempre está en vigor. Ninguna otra verdad en la Biblia es más firme.

Supongamos que un vecino al que no quiero ver viene a mi casa, y le digo a mi hijo que le diga que estoy fuera de la ciudad. Mi hijo va a la puerta y miente a mi vecino. No pasarán seis meses antes de que mi hijo me mienta. Yo segaré esa mentira.

Un hombre me preguntó hace algún tiempo:

— ¿Por qué no podemos conseguir empleados honestos hoy en día?

Le contesté:

— No lo sé, pero tal vez se me ocurra una razón. Cuando los comerciantes enseñan a los empleados a decir que la mercancía es toda de lana cuando es mitad de algodón, o cuando enseñan a sus vendedores a decir medias verdades o a exagerar para hacer una venta, no tendrás empleados honestos.

Mientras los comerciantes enseñen a sus empleados a mentir y a tergiversar, tendrán empleados deshonestos. Los comerciantes deshonestos hacen empleados deshonestos. No estoy hablando de ficción, estoy hablando de la verdad. No es un poema imaginativo, sino una prosa sincera: una persona debe segar el mismo tipo de semilla que siembra.

Este es un argumento tremendo contra la venta de alcohol. Incluso si dejamos de lado los aspectos de abstinencia y religiosos de la cuestión del alcohol, nadie en la tierra puede permitirse vender bebidas fuertes. Si yo le vendo alcohol a tu hijo y lo emborrácho, alguien puede venderle alcohol a mi hijo y emborracharlo. Todos los que venden alcohol tienen un hijo borracho o un hermano borracho o algún pariente borracho. ¿Dónde están los hijos de los vendedores de alcohol? ¿Con quién están casadas sus hijas? Miren a su alrededor y vean si pueden encontrar a un hombre que lleve veinte años en ese negocio que no tenga un esqueleto en su propia familia.

Una vez lancé ese reto, y un hombre me dijo al día siguiente:

— No estuve en su reunión de anoche, pero tengo entendido que usted hizo la asombrosa afirmación de que ningún hombre podía llevar veinte años en el negocio del alcohol que no tuviera la maldición en su propia familia.

— Sí —, dije, — lo hice.

— No es cierto —, dijo, — y quiero que te retractes. Mi padre vendía alcohol, y yo vendo alcohol, y la maldición nunca ha llegado a la familia de mi padre ni a la mía.

Le dije:

— ¿Qué? ¿Dos generaciones vendiendo esa cosa infernal, y la maldición nunca ha llegado a la familia? Lo investigaré, y si encuentro que estoy equivocado, haré la rectificación tan públicamente como hice la declaración.

Había dos ciudadanos prominentes del pueblo en la sala, y noté una expresión extraña en sus rostros mientras el hombre hablaba. Cuando se fue, uno de los hombres dijo:

— ¿Sabe usted, señor Moody, que el propio hermano de ese hombre era un borracho y se suicidó hace unas semanas? Dejó una viuda con siete hijos. Ahora están bajo su techo. Él mismo era un terrible borracho hasta que el shock del suicidio de su hermano lo curó.

No sé cómo se puede explicar esto, a menos que pensara que su hermano no era un pariente. Tal vez él era una especie de Caín, preguntándose: ¿Soy yo acaso guardián de mi hermano? (Génesis 4:9).

Cuando era pastor de una iglesia en Chicago estábamos tratando de alcanzar a los obreros de las fábricas para Cristo. Me decían:

— Ven a la fábrica a la hora de la cena y te daremos la oportunidad de hablar.

Yo les preguntaba:

— ¿Por qué no vienen a la iglesia?

— Oh —, me decían, — allí lo tienes todo a tu manera, y no podemos responderte; pero ven a la fábrica y te plantearemos algunas preguntas.

Así que fui, y me lo pusieron bastante difícil a veces. Uno de los personajes bíblicos favoritos que sacaron a relucir fue Jacob. Muchas veces me han dicho los hombres: "¿Crees que Jacob era un santo, no? Era un gran bribón". Muchos han dicho que pensaban que Jacob no era tan bueno como Esaú. Fíjate en lo que lees en la Biblia: *El Señor tiene también contienda con Judá, y castigará a Jacob conforme a sus caminos; conforme a sus obras le pagará* (Oseas 12:2). Esta ley de retribución va a lo largo de su vida. Aunque era amigo de Dios, pariente de Abraham y tercero en la línea del pacto, Dios hizo que Jacob segara la misma clase de semilla que sembró. Alguien ha dicho que los problemas de Jacob estaban uniformemente calculados para traer a su memoria la imagen, así como el castigo de sus faltas.

Cuando Isaac, en su vejez, quiso un poco de carne de venado y envió a Esaú a buscarla, Jacob se escabulló y tomó una cabra del rebaño de su padre, y su madre Rebeca la cocinó. Jacob se lo llevó a su viejo y ciego padre y le dijo que era Esaú. El anciano reconoció la voz de Jacob, pero éste, con mucha astucia, se había puesto la piel del chivo en las manos y en el cuello para que el anciano lo palpara y dijera: *La voz es la voz de Jacob, pero las manos son las manos de Esaú* (Génesis 27:22).

Consiguió la bendición de la primogenitura de su hermano con esta mentira, pero pagó por ella diez mil veces más de lo que valía. "El que roba mi cartera roba basura". El que me roba la cartera sufre más que yo. Cuando Jacob se hizo anciano, vivía en la continua sospecha de que sus hijos le engañaban. El pecado de engañar a su propio padre dio sus frutos.

Jacob fue el gran perdedor en esta transacción. Cuando Esaú regresó, Jacob tuvo que huir para salvar su vida. Entonces Dios salió a su encuentro en Betel:

> *Y he aquí, el Señor estaba sobre ella (la escalera), y dijo: Yo soy el Señor, el Dios de tu padre Abraham y el Dios de Isaac. La tierra en la que estás acostado te la daré a ti y a tu descendencia. También tu descendencia será como el polvo de la tierra, y*

te extenderás hacia el occidente y hacia el oriente, hacia el norte y hacia el sur; y en ti y en tu simiente serán bendecidas todas las familias de la tierra. He aquí, yo estoy contigo, y te guardaré por dondequiera que vayas y te haré volver a esta tierra; porque no te dejaré hasta que haya hecho lo que te he prometido (Génesis 28:13-15).

La gente leerá ese punto de la vida de Jacob y dirá: "No quiero tener nada más que ver con un Dios que tratará con gracia a un hombre que ha hecho algo tan despreciable". Amigo mío, aguanta. Síguelo a Padan-aram. Estuvo allí veinte años, y durante ese tiempo le cambiaron el sueldo diez veces. Trabajó siete años para la encantadora Raquel, y luego fue engañado para casarse con la hermana de Raquel, Lea. Jacob había obtenido la bendición del primogénito mediante el engaño, pero Labán se lo recordó sarcásticamente: *No se acostumbra en nuestro lugar dar a la menor antes que a la mayor* (Génesis 29:26). Jacob aprendió que Labán podía hacer un trato tan astuto como él.

Dondequiera que encuentres a un hombre sagaz y astuto, siempre encontrarás que atrae a la misma clase de gente a su alrededor, y que el que engaña, será él mismo engañado. "La misma calaña, en manada se apaña" o las aves de un mismo plumaje se juntan. Los blasfemos se juntan, y los sagaces y astutos se juntan. Jacob encontró en Labán justamente un hombre como él. Era "cortado con la misma tijera".

Mira un poco más allá. Jacob tenía doce hijos, pero

quería a José y a Benjamín más que a los demás porque eran hijos de su amada Raquel. Tenía predilección por José y mandó hacer una túnica de muchos colores para él. El favoritismo hace surgir al viejo Adán en cualquier familia.

Una mañana José, en la inocencia de su corazón, contó un sueño que había tenido en el que su padre y todos sus hermanos se habían inclinado ante él. Entonces sus hermanos comenzaron a planear para sacarlo del camino, y cuando su padre lo mandó a buscar cuando estaban cuidando los rebaños, se dijeron: *matémoslo y arrojémoslo a uno de los pozos; y diremos:"Una fiera lo devoró"* (Génesis 37:20).

Más tarde lo vendieron, tomaron su túnica de muchos colores y la mojaron en la sangre de una cabra. Llevaron esa túnica a su padre y le dijeron: *Encontramos esto; te rogamos que lo examines para ver si es la túnica de tu hijo o no* (Génesis 37:32). Jacob sabía que era la túnica de José, y dijo: *Es la túnica de mi hijo. Una fiera lo ha devorado* (Génesis 37:33).

Obsérvese que Jacob engañó a su padre con la piel de una cabra, y sus hijos lo engañaron con la sangre de una cabra. Jacob mintió a su padre, y sus hijos le mintieron a él. La mentira volvió a casa. Toda mentira está destinada a volver a ti. No puedes cavar una tumba tan profunda como para que la mentira no resucite.

Tened por seguro que vuestro pecado os alcanzará (Números 32:23). Puedes pensar que eres muy astuto y sabio y que puedes planear y encubrir, pero es el decreto del alto cielo que ningún pecado será encubierto; Dios lo descubrirá. Puedes estar seguro de que tu pecado te descubrirá. No puedes engañar al Todopoderoso. Jacob lo descubrió. Tuvo que cosechar lo que sembró.

Mira a David una vez más. Un hombre me dijo hace algunos años: "¿No crees que David cayó tan bajo como Saúl?". Sí, cayó más bajo, porque Dios lo había levantado más alto. La diferencia es que cuando Saúl cayó, no hubo señales de arrepentimiento, pero cuando David cayó, un grito salió de su corazón roto y hubo verdadero arrepentimiento. Nadie en toda la Escritura se elevó tan alto y cayó tan bajo como David. Dios lo sacó del redil y lo puso en el trono. Le dio riquezas y tierras en abundancia. Estaba en un pináculo de gloria y era amado y honrado entre los hombres. Pero un día, recuerdas, David estaba caminando sobre el techo de la casa del rey cuando vio a Betsabé y la deseó, y cometió el horrible pecado del adulterio. Luego, para encubrir ese pecado, emborrachó al marido de Betsabé y lo hizo asesinar. El Señor Dios declaró: *De tu misma casa levantaré el mal contra ti* (2 Samuel 12:11), y *La espada nunca se apartará de tu casa* (2 Samuel 12:10).

El hijo de David, Amnón, cometió entonces adulterio con la propia hija de David. El hijo de David, Absalón, hizo una fiesta para Amnón y lo hizo asesinar. Poco después, Absalón llegó con un ejército para expulsar de la ciudad y del trono a su propio padre David y cometió adulterio públicamente con las concubinas de David en el tejado de la casa del rey. Si Dios no hubiera estado gobernando, Absalón habría matado a su padre.

David sembró adulterio y lo cosechó en su propia familia. Sembró el asesinato y lo cosechó en su propia familia. Creo que lo que provocó el amargo grito del corazón de ese padre — ¡Hijo mío Absalón; hijo mío, hijo mío Absalón! ¡Quién me diera haber muerto yo en tu lugar! ¡Absalón, hijo mío, hijo mío! (2 Samuel 18:33) — era el hecho de que estos eran los resultados de su propio pecado. Desde el momento en que David cayó en ese pecado con la esposa de Urías hasta que bajó a su tumba, fue una oleada tras otra rodando sobre él.

Si Dios no pasó por alto lo de David, ¿crees que nos perdonará a nosotros si caemos en el pecado y no confesamos y nos apartamos de nuestros pecados? Si alguna vez alguien tuvo la oportunidad de encubrir sus pecados, fue David. Ningún juez o jurado se atrevió a pronunciar un juicio contra él. El acto pecaminoso fue encubierto, pero su pecado lo descubrió. Natán fue enviado a cruzarse en su camino, y este joven Natán se te aparecerá algún día. Algún mensajero te golpeará en el camino si no te arrepientes y te alejas de tus pecados. Amigo mío, ¿por qué no invocas a Dios ahora como lo hizo David cuando recapacitó sobre sí mismo? Haz la misma oración. ¡Cuán agradecidos deberíamos estar por tener esa oración! ¿Por qué no te pones de rodillas ahora y oras?

La oración de David pidiendo perdón

Ten piedad de mí, oh Dios, conforme a tu misericordia; conforme a lo inmenso de tu compasión, borra mis transgresiones. Lávame por completo de mi maldad, y límpiame de mi pecado. Porque yo reconozco mis transgresiones, y mi pecado está siempre delante de mí. Contra ti, contra ti solo he pecado, y he hecho lo malo delante de tus ojos, de manera que eres justo cuando hablas, y sin reproche cuando juzgas. He aquí, yo nací en iniquidad, y en pecado me concibió mi madre.

He aquí, tú deseas la verdad en lo más íntimo, y en lo secreto me harás conocer sabiduría. Purifícame con hisopo, y seré limpio; lávame, y seré más blanco que la nieve. Hazme oír gozo y alegría; que se regocijen los huesos que has quebrantado. Esconde tu rostro de mis pecados, y borra todas mis iniquidades.

Crea en mí, oh Dios, un corazón limpio, y renueva un espíritu recto dentro de mí. No me eches de tu presencia, y no quites de mí tu santo Espíritu. Restitúyeme el gozo de tu salvación, y sostenme con un espíritu de poder. Entonces enseñaré a los transgresores tus caminos, y los pecadores se convertirán a ti.

Líbrame de delitos de sangre, oh Dios, Dios de mi salvación; entonces mi lengua cantará con gozo tu justicia. Abre mis labios, oh Señor, para que mi boca anuncie tu alabanza. Porque no te deleitas en sacrificio, de lo contrario yo lo ofrecería; no te agrada el holocausto. Los sacrificios de Dios son el espíritu contrito; al corazón contrito y humillado, oh Dios, no despreciarás.

Haz bien con tu benevolencia a Sión; edifica los muros de Jerusalén. Entonces te agradarán los sacrificios de justicia, el holocausto y el sacrificio perfecto; entonces se ofrecerán novillos sobre tu altar (Salmo 51)

Ejemplos de la historia

Puedes afirmar que no crees en la Biblia. Entonces mira la historia y ve si esta ley de segar lo que se siembra no es cierta. Majencio construyó un falso puente para ahogar a Constantino, pero él mismo se ahogó. Bajazet fue transportado por Tamerlán en una jaula de hierro que tenía destinada a Tamerlán. Maximino le sacó los ojos a miles de cristianos, pero poco después estalló entre su pueblo una temible enfermedad de los ojos, de la que él mismo murió con gran agonía. Valente hizo que unos ochenta cristianos fueran enviados al mar en un barco y quemados vivos; fue derrotado por los godos y huyó a una casa de campo donde fue quemado vivo.

Alejandro VI fue envenenado por el vino que había preparado para otro. Enrique III de Francia fue apuñalado en la misma cámara en la que había ayudado a idear la cruel masacre de los protestantes franceses. María Antonieta, que se dirigía a la catedral de Notre Dame para celebrar su boda, ordenó a los soldados que sacaran a todos los mendigos, lisiados y personas vestidas con harapos de la fila de la procesión. Ella no podía soportar la visión de estos miserables. Poco después, atada en el carro del verdugo, cabalgaba hacia el lugar de la ejecución en medio de una multitud que la contemplaba con el corazón frío como el hielo y duro como el granito. Cuando le preguntaron a Foullon cómo iba a vivir el populacho hambriento, dijo: "Que coman hierba". Después, la turba, enloquecida de rabia, lo atrapó en las calles de París, lo colgó, clavó su cabeza en una estaca y le llenó la boca de hierba.

Capítulo 5

Se siega más de lo que se siembra

Y otra parte cayó en tierra buena y dio fruto, algunas semillas a ciento por uno, otras a sesenta y otras a treinta
(Mateo 13:8)

Los españoles tienen este proverbio: "Siembra un pensamiento y cosecharás una acción. Siembra una acción y cosecharás un hábito. Siembra un hábito y cosecharás un carácter. Siembra un carácter y cosecharás un destino". Si siembro una planta, espero cosechar diez o veinte plantas. Puedo sembrar en un día lo que tardarán diez hombres en cosechar. He oído hablar de un tipo de frijol que se reproduce mil veces. Se dice que un cardo que voló desde la cubierta de un barco cubrió de cardos toda la superficie de una isla de los Mares del

Sur. Un roble brota de una bellota, y el poderoso río Mississippi nace de un pequeño manantial.

Un vaso de whisky puede llevar a la muerte a un borracho. Una mentira puede arruinar la carrera de un hombre. Un error en la juventud puede seguir a una persona durante toda su vida. Alguien ha dicho que muchos cristianos pasan la mitad de su tiempo tratando de contener los brotes de la semilla que sembraron en sus días de juventud. A menos que se mantenga bajo control, el deseo de beber se convertirá en una sed que consume; el deseo del juego y apuestas se convertirá en una pasión irresistible por las apuestas.

Abraham entregó a su único hijo por orden de Dios, y como fruto de ese acto de obediencia Dios le dio una descendencia tan numerosa como las estrellas del cielo y como la arena del mar.

Jacob dijo una mentira, y sus diez hijos volvieron con su mentira multiplicada por diez. Durante veinte años Jacob lloró a José, suponiendo que estaba muerto. No me cabe duda de que noche tras noche lloraba por José, y en sus sueños veía al muchacho despedazado y oía sus gritos de auxilio. Tardó mucho tiempo en segar su cosecha.

Israel murmuró contra Dios por el informe de la tierra de Canaán que trajeron los espías. ¿No tuvieron que recoger una cosecha multiplicada como resultado? Escucha lo que el Señor les dice: *Según el número de los días que reconocisteis la tierra, cuarenta días, por cada día llevaréis vuestra culpa un año, hasta cuarenta años, y conoceréis mi enemistad* (Números 14:34).

Cuando una vez hablé en una reunión de que el

hombre tenía que segar más de lo que sembraba, un hombre frente a mí bajó la cabeza y sollozó en voz alta. Después de la reunión, un amigo se acercó a él y le preguntó:

— ¿Cuál es tu problema?

Me señaló a mí y dijo:

— Todo lo que ha dicho ese hombre es cierto. Hace cuatro años era el empleado de confianza de una empresa de esta ciudad. Tengo razones para creer que si hubiera continuado como empecé, todavía estaría en la firma ahora. Pero una noche, en una taberna, bajo la influencia del alcohol cometí un delito, y me enviaron a la penitenciaría donde me arrepentí con cilicio y cenizas. Hoy he vuelto por primera vez. Fui a mi antiguo lugar de trabajo, y me ordenaron que saliera. Fui a otros negocios que conocía, y recibí el mismo trato. Me encontré por la calle con hombres a los que antes conocía y que habían ocupado puestos inferiores a los míos y levanté mi sombrero, pero nadie me devolvió la reverencia. El hombre se retorció las manos con agonía y dijo:

— Todo es cierto. Se demora más en segar que en sembrar.

¿No lo crees? Pregúntale al hombre que ha sido borracho y ha malogrado su carácter, su reputación y su hogar, y ha traído problemas a su familia. Se necesita mucho tiempo para construir un carácter, pero se puede destruir en una sola hora.

Hace algunos años murió en la penitenciaría de Columbus un hombre que había pasado más de treinta años en su celda. Había sido uno de los millonarios de

Ohio. Hace cincuenta años, cuando se intentaba construir una carretera de Chicago a Nueva York, querían pasar la línea por su granja cerca de Cleveland. Él no quería que su granja fuera dividida por el ferrocarril, así que el caso llegó a los tribunales donde se nombraron comisionados para pagar los daños y permitir la construcción de la carretera.

Una noche oscura, después de que se colocaran las vías, un tren se salió de la vía y varias personas murieron. Se sospechó de este hombre. Fue juzgado, declarado culpable y enviado a la penitenciaría de por vida. La granja pronto se dividió en lotes para la ciudad y el hombre se hizo millonario, pero no obtuvo ningún beneficio. Puede que no le llevára más de una hora poner la obstrucción en las vías del tren, pero pasó más de treinta años cosechando el resultado de ese único acto. Afortunadamente el capellán me dijo que antes de que este hombre muriera, se convirtió en un hijo de Dios. Sin embargo, tuvo que vivir con las consecuencias de sus actos incluso después de entregar su vida a Cristo.

En la historia de Francia, leemos que cierto rey quería un nuevo instrumento para torturar a sus prisioneros. Uno de sus consejeros favoritos le sugirió que construyera una jaula que no fuera lo suficientemente larga para acostarse ni lo suficientemente alta para ponerse de pie. El rey aceptó la sugerencia, pero el primero en ser introducido en la jaula fue el mismo hombre que la sugirió, y fue mantenido en ella durante catorce años. No tardó más que unos minutos en sugerir ese cruel dispositivo, pero estuvo catorce largos años segando el fruto de lo que había sembrado.

Si un hombre pudiera hacer su siega solo no sería tan

duro, pero es terrible cuando tiene que hacer que su padre piadoso y su madre que lo ama, o su esposa y su familia cosechen junto con él. ¿No hace el borracho que su esposa e hijos recojan una amarga siega? ¿No hace el apostador que sus parientes cosechen deudas? ¿No hace la prostituta que sus padres cosechen agonía y vergüenza? ¡Qué enemigo tan amargo es el pecado! Que Dios nos ayude a cada uno de nosotros a apartarnos de él de inmediato.

Cada vez que oigo a un joven hablar de forma irreflexiva sobre vivir la vida a su manera sin importar lo que siembra, no me río. Más bien me dan ganas de llorar, porque sé que va a hacer que su madre encanecida siegue con lágrimas. Va a hacer que su esposa siegue con vergüenza. Va a hacer que su viejo padre y sus inocentes hijos sieguen con él. Sólo pasarán diez, quince o veinte años antes de que tenga que cosechar lo que ha sembrado con sus acciones; nadie ha sembrado nunca sin tener que cosechar. *Porque siembran viento, y recogerán tempestades* (Oseas 8:7).

No podemos controlar nuestra influencia. Si planto cardos en mi campo, el viento se llevará los cardos cuando estén listos y los arrastrará más allá de la cerca, y mis vecinos tendrán que segar conmigo. Del mismo modo, mi ejemplo puede ser copiado por mis hijos o mis vecinos, y mis acciones pueden reproducirse indefinidamente a través de ellos, ya sea para bien o para mal. ¡Cuántos se han arruinado por los pecados de hombres como Jacob y David y Lot!

Cuando llegó a ella, no encontró más que hojas (Marcos 11:13).

Nada más que hojas

¡Nada más que hojas! El Espíritu se aflige
   por los años de vida desperdiciada;
Por los pecados tolerados mientras la conciencia dormía,
   por los votos y las promesas no cumplidas,
Y cosecha, de años de lucha -

   ¡Nada más que hojas! ¡Nada más que hojas!
¡Nada más que hojas! No hay gavillas recogidas
   del hermoso grano maduro de la vida:
Sembramos nuestras semillas; ¡he aquí! cizaña y malas
      hierbas,
   palabras, palabras ociosas, por hechos serios -
Luego cosechamos, con esfuerzo y dolor,
   nada más que hojas. Nada más que hojas.

Nada más que hojas. La memoria triste no teje
   velo alguno para ocultar el pasado;
y mientras trazamos nuestro cansado camino,
   y contamos cada día perdido y malgastado,
tristemente encontramos al final...
   ¡Nada más que hojas! ¡Nada más que hojas!

Ah, ¿quién se encontrará así con el Maestro,
   y traerá sólo hojas marchitas?
Ah, ¿quién, a los pies del Salvador,
   ante el terrible tribunal,
se depositarán, por gavillas de oro,
   Nada más que hojas. ¡Sólo hojas!
   – Lucy Evilena Akevrman

Capítulo 6

Desconocer la semilla no hace diferencia

No os admiréis de esto, porque viene la hora en que todos los que están en los sepulcros oirán su voz, y saldrán: los que hicieron lo bueno, a resurrección de vida, y los que practicaron lo malo, a resurrección de juicio (Juan 5:28-29)

Obsérvese que desconocer el tipo de semilla que se siembra no supone ninguna diferencia. Si creo que estoy sembrando una buena semilla y resulta que es mala, tendré una mala siega; por lo tanto, necesito tomar nota de qué tipo de semilla estoy sembrando.

Supongamos que me encuentro con un hombre que está sembrando, y le digo:

— Hola, forastero. ¿Qué estás sembrando?

— Semilla —, me dice.
— ¿Qué tipo de semilla?
— No lo sé.
— ¿No sabes lo que va a crecer?
— No, no lo sé, pero es semilla; eso es todo lo que necesito saber, y la estoy sembrando.

Dirías que es un lunático de primera clase, ¿no es así? Pero no estaría ni la mitad de loco que el hombre que sigue sembrando por el tiempo y la eternidad y nunca se pregunta qué está sembrando o cuál será la siega.

Padre, ¿qué semilla estás sembrando en tu familia? ¿Estás dando un buen o mal ejemplo a tus hijos? ¿Pasas tu tiempo en el bar o el club hasta que te has convertido casi en un extraño para ellos, o los estás entrenando para Dios y su justicia?

Un hombre dijo una vez que no hablaría con su hijo sobre el cristianismo, sino que el chico debía tomar su propia decisión cuando creciera sin ser influenciado por él. Pues bien, el niño se rompió el brazo, y mientras el médico se lo arreglaba, el niño gritó y maldijo todo el tiempo.

"Ah", le dijo el médico al padre, "usted tenía miedo de influenciar al niño en el camino correcto, pero el diablo no tenía ese prejuicio. Ha llevado a tu hijo por el otro camino". ¡Qué triste es la idea de que un padre deje que sus hijos se descarríen! La naturaleza por sí sola no produce más que maleza.

Uno de los amigos de Samuel Taylor Coleridge se puso en contra de predisponer las mentes de los jóvenes seleccionando las cosas que se les deben enseñar. El filósofo-poeta le invitó a echar un vistazo a su jardín, y le llevó a un lugar donde un abundante crecimiento de hierbas feas y no fragantes se extendía por todos los caminos del jardín.

— ¡A eso no se le llama jardín! —, dijo su amigo.

— ¡Qué! —, dijo Coleridge. — ¿Quieres que perjudique el suelo en favor de las rosas y los lirios?

¿Nunca has notado lo mismo en la mente y en el corazón? Deja que un niño sea ocioso, y Satanás pronto lo llevará a hacer maldades. Hay que cuidarlo. Hay que seleccionar para él las cosas que le ayudarán a desarrollar su carácter, y hay que mantener alejadas las cosas perjudiciales con la misma diligencia con que el agricultor cultiva los productos útiles de la tierra, pero hace una guerra continua a las malas hierbas y a todo crecimiento insalubre.

Un asesino debe sufrir la pena de su crimen. Hablando de su imprudente carrera, dijo: "¿Cómo podría ser de otra manera, cuando tuve una formación tan mala? Me enseñaron estas cosas desde mi juventud. Cuando sólo tenía cuatro años, mi madre me echó whisky en la garganta para ver cómo actuaría". En la mañana de su ejecución, la desdichada madre se despidió del hijo al que su influencia había contribuido a llegar a ese vergonzoso final.

Un padre se dirige a su oficina una mañana temprano, tras una ligera nevada. Se volteó y vio a su hijo de dos años tratando de poner sus diminutos pies en sus propias y grandes huellas. El pequeño gritó: "Vamos. Aquí voy, papá. Voy a seguir tus pasos". Cogió al niño en brazos, se lo llevó a su madre y se puso de nuevo en marcha hacia su oficina.

Su costumbre era parar en una taberna de camino al trabajo para tomar un vaso de licor. Aquella mañana, cuando estaba en el umbral de la taberna, le pareció oír una dulce voz que le decía: "Vamos. Aquí voy, papá. Voy a seguir tus pasos". Se detuvo, dudó y miró al futuro directamente a la cara. "No puedo permitirme el lujo de dejar ninguna huella en la que me avergüence o me dé pena que mi hijo siga", dijo con decisión, y se dio la vuelta.

Padre, madre, vecino, ¿son tus huellas verdaderas? ¿Son rectas? ¿Puedes dirigirte a cualquiera que camine detrás de ti y decirle: "Sígueme como sigo a Cristo"? ¿Estás dirigiendo a los pequeños con seguridad hacia el Buen Pastor? *Sed imitadores de mí, como también yo lo soy de Cristo* (1 Corintios 11:1).

El mejor momento para sembrar la buena semilla es antes de que Satanás haya esparcido la cizaña. Dios ha dado numerosas advertencias e instrucciones para hacerlo de esta manera. *Pero buscad primero su reino y su justicia* (Mateo 6:33). *Enseña al niño el camino en que debe andar* (Proverbios 22:6). *No provoquéis a ira a vuestros hijos, sino criadlos en la disciplina e instrucción del Señor* (Efesios 6:4). Si un agricultor se descuida de plantar en la primavera nunca podrá recuperar la oportunidad perdida, y tú tampoco podrás hacerlo si descuidas tu oportunidad. La juventud es un tiempo de siembra, y si se deja pasar sin sembrar una buena semilla, las malas hierbas brotarán y ahogarán el suelo. Se necesitará un amargo trabajo para desarraigarlas.

Un viejo teólogo decía que cuando un buen agricultor ve una mala hierba en su campo, la manda arrancar. Si la arranca lo suficientemente pronto, esa área se rellena pronto y la cosecha se extiende por todo el campo; pero si la deja crecer un tiempo, esa área permanece con mala hierba. Habría sido mejor si no se hubiera permitido que la hierba echara raíces.

Joven, ¿estás dejando que algún pecado secreto se apodere de ti, atándote de pies y manos? Está creciendo. Todo pecado crece. Cuando estaba hablando a cinco mil niños en Glasgow hace algunos años, tomé un carrete de hilo y le dije a uno de los niños más grandes: "¿Crees que puedo atarte con ese hilo?"

Se rió de la idea. Enrollé el hilo alrededor de él unas cuantas veces, y lo rompió de un tirón. Luego enrollé el hilo una y otra vez, y le dije: "Ahora libérate si puedes". No podía mover ni una mano ni un pie. Si eres esclavo de algún hábito pecaminoso, debes acabar con ese hábito o él acabará contigo.

Amigo, ¿qué tipo de semilla estás sembrando? Piensa en cómo has vivido el último año. ¿Has estado viviendo una doble vida? ¿Has estado haciendo una profesión de ser cristiano sin poseer lo que profesas? Si hay algo que detestas de cómo estás viviendo, eso es hipocresía. ¿Me dices que Dios no la detesta también? Si es tu ojo derecho el que te hace pecar, decídete a sacarlo. Si es tu mano derecha o tu pie derecho el que te hace tropezar, córtalo (Mateo 5:29-30). Cualquiera que sea el pecado, decídete a obtener la victoria sobre él sin más demora.

¿Qué tipo de semilla estás sembrando, amigo mío? ¿Buena o mala? Habrá una cosecha, y estás obligado a cosechar, quieras o no. Dime, ¿cómo pasas tu tiempo libre? ¿Lo pasas contando historias pecaminosas, contaminando las mentes de los demás mientras tu propia mente también está contaminada? ¿Lees alguna literatura que hace que tus pensamientos sean impuros? ¿Cómo pasas el día del Señor? ¿Lo pasas navegando, pescando, cazando o de viaje? ¿Crees que los pastores son anticuados, que la Biblia pertenece a la Edad Media?

Dime cómo tratas a tus padres y te diré cómo te tratarán tus hijos. Un hombre estaba haciendo los preparativos para enviar a su anciano padre al asilo, cuando su pequeño hijo se acercó y le dijo: "Papá, cuando seas viejo ¿tendré que llevarte al asilo?"

¿Le escribes alguna vez a tus padres? Te vistieron y te educaron, ¿y ahora te pasas las noches jugando? Les dices a tus amigos impíos que tu padre te hizo atragantar el cristianismo cuando eras un niño. Siento un gran desprecio por un hombre que dice eso de su padre o de su madre. Puede que hayan cometido un error, pero fue un error de la cabeza, no del corazón.

Si se les enviaba un mensaje de que estabas enfermo de viruela, acudían inmediatamente a verte. De buena gana llevarían la enfermedad en sus propios cuerpos y morirían por ti. Si te burlas y te mofas de tu padre y de tu madre, tendrás una dura cosecha; cosecharás en la agonía. Es sólo cuestión de tiempo. Hay un dicho: "Los molinos de Dios muelen despacio, pero muelen muy pequeño". El Señor Jesús dijo, *Con la medida con que midáis, se os medirá* (Marcos 4:24).

La última vez que estuve en Londres, un hombre me dijo que Inglaterra tenía ventaja sobre Estados Unidos en un aspecto. Le pregunté cómo. Dijo: "En Inglaterra respetamos más nuestras leyes que ustedes en Estados Unidos. Ustedes no cuelgan a la mitad de sus asesinos, pero todos nuestros asesinos son colgados si se demuestra su culpabilidad".

Yo dije: "Ninguno de los dos países cuelga a sus peores asesinos. Si mi hijo quiere asesinarme, prefiero que me mate directamente a que tarde cinco años en hacerlo. El peor tipo de asesino es un joven que vuelve a casa tarde tras tarde, y cuando su madre le reprende por ello, maldice sus canas y la mata poco a poco con su actitud."

Eso se hace en todo el país. Puede que tú no seas culpable de un pecado tan negro y tan sucio como éste, pero te digo que todo pecado crece, y si tienes pecado en tu corazón, no puedes saber dónde te llevará. Nada separa a un hijo de su madre o a un hombre de su esposa como el pecado. La gracia de Dios une a las personas, pero el pecado las desgarra y las separa.

Amigo mío, ¿qué clase de semilla estás sembrando? ¿Cuál será la cosecha? ¿Será una cosecha triste y espantosa, o vas a tener una cosecha alegre? Si piensas que el trigo saldrá cuando lo que has sembrado es cizaña, estás muy equivocado. Si piensas que puedes dar rienda suelta a tus pasiones y lujurias y aun así tener vida eterna, te estás engañando. Dios dice: *El que siembra para su propia carne, de la carne segará corrupción, pero el que siembra para el Espíritu, del Espíritu segará vida eterna* (Gálatas 6:8).

Escoge cuidadosamente

Te ruego que elijas cuidadosamente tu camino. El

agricultor es cuidadoso en la elección de la semilla. No quiere semilla mala o de calidad inferior, porque sabe que eso dará una mala cosecha. Busca la mejor semilla que pueda comprar. Si eliges sembrar para la carne, tendrás una cosecha corrupta. Si cometes una acción pecaminosa, puede llevarte a una tumba deshonrosa.

La elección es algo serio. Puedes hacer de este momento un punto de inflexión en tu vida. Una vez, durante la conquista del Perú, los seguidores de Pizarro amenazaron con abandonarlo. Se reunieron en la orilla para embarcarse a casa. Sacando su espada, trazó con ella una línea en la arena de este a oeste. Luego, volviéndose hacia el sur, dijo: "Amigos y camaradas, de ese lado están el trabajo, el hambre, la desnudez, la tormenta y la muerte. De este lado están la facilidad y el placer. Allí está el Perú con todas sus riquezas; aquí está Panamá y su pobreza. Que cada uno elija como le corresponde a un castellano valiente. Por mi parte, yo voy al sur". Así, cruzó la línea, y uno tras otro, sus camaradas le siguieron, y el destino de América del Sur estaba decidido.

Una vez le ofrecieron a Napoleón un puesto de oficial en la artillería turca. Lo rechazó, pero si hubiera optado por aceptarlo la historia de Europa habría sido diferente.

Tu eternidad depende de tu elección en las cosas espirituales. De un lado está Cristo; del otro lado está el mundo. Debes elegir entre los dos. No desees cultivar tanto el trigo como la cizaña. Oh, ¡elige a Cristo! Que no haya medias tintas o un corazón dividido. Entrégale todo tu corazón. Él murió para redimirte de la maldición del pecado, y vive para salvarte del poder del pecado.

Nadie puede servir a dos señores (Mateo 6:24). No se puede pertenecer a dos reinos a la vez. Lord Brougham se aficionó tanto a Cannes, Francia, que quiso nacionalizarse francés, pero se encontró con que era imposible ser a la vez noble de Inglaterra y ciudadano de una ciudad francesa; tuvo que renunciar a uno para convertirse en lo otro.

Aquí es donde entra en juego la voluntad. Es fácil seguir las indicaciones de los demás y nadar con la marea, pero se necesita carácter y valentía, una estructura moral sólida, para ir contra la corriente de la opinión y la práctica populares. Durante la guerra civil de Estados Unidos, un desertor llegó a las líneas de la Unión en Pittsburgh. Le preguntaron: "¿Por qué desertaste?".

Su respuesta fue: "Porque todos lo hicieron".

Esa razón explicará las acciones de mucha gente. Actuará según el dicho "A donde fueres, haz lo que vieres", olvidando investigar y determinar si lo que hacen allí es correcto o no. Si hacen lo malo, deberás enfrentarte a toda una nación si es necesario, como hizo Daniel en Babilonia.

El Dios Todopoderoso puso dos bandos ante los hijos de Israel, y yo los pongo ante ti ahora. Cuando elijas, recuerda que tu eternidad está en la balanza.

Mira, yo he puesto hoy delante de ti la vida y el bien, la muerte y el mal; pues te ordeno hoy amar al Señor tu Dios, andar en sus caminos y guardar sus mandamientos, sus estatutos y sus decretos, para que vivas y te multipliques, a fin de que el Señor tu Dios te bendiga en la tierra que vas a entrar para poseerla.

Pero si tu corazón se desvía y no escuchas, sino que te dejas arrastrar y te postras ante otros dioses y los sirves, yo os declaro hoy que ciertamente pereceréis. No prolongaréis vuestros días en la tierra adonde tú vas, cruzando el Jordán para entrar en ella y poseerla.

Al cielo y a la tierra pongo hoy como testigos contra vosotros de que he puesto ante ti la vida y la muerte, la bendición y la maldición. Escoge, pues, la vida para que vivas, tú y tu descendencia, amando al Señor tu Dios, escuchando su voz y allegándote a Él; porque eso es tu vida y la largura de tus días (Deuteronomio 30:15-20).

Capítulo 7

Perdón y Retribución

Tú pagas al hombre conforme a sus obras (Salmo 62:12)

Porque todos nosotros debemos comparecer ante el tribunal de Cristo, para que cada uno sea recompensado por sus hechos estando en el cuerpo, de acuerdo con lo que hizo, sea bueno o sea malo (2 Corintios 5:10)

Me imagino a alguien diciendo: "Asisto a la iglesia y he escuchado decir que si confesamos nuestro pecado, Dios nos perdonará; ahora escucho que debo cosechar el mismo tipo de semilla que he sembrado. ¿Cómo puedo conciliar la doctrina del perdón con la doctrina de la retribución? La Biblia dice: *Todos nosotros nos descarriamos como ovejas, nos apartamos cada cual por su camino; pero el Señor hizo que cayera sobre Él la iniquidad de todos nosotros* (Isaías 53:6), pero dices que debo cosechar lo que he sembrado."

Supongamos que envío a mi jornalero a sembrar trigo y cuando éste crece, hay cardos mezclados con el trigo. Hace un año no había ningún cardo en mi campo, así que le pregunto a mi jornalero:

— ¿Sabes algo de los cardos que hay en el campo?

Me dice:

— Sí, lo sé. Me enviaste a sembrar ese trigo, y me enfadé y mezclé algunos cardos con el trigo; pero me prometiste que si alguna vez hacía algo malo y lo confesaba, me perdonarías. Ahora te hago cumplir esa promesa y espero que me perdones.

— Sí — digo, — tienes mucha razón. Te perdono por haber sembrado los cardos, pero te diré lo que debes hacer: debes segar los cardos junto con el trigo cuando llegue el tiempo de la cosecha.

Muchos cristianos están segando cardos con su trigo. Es posible que tú hayas sembrado cardos con el trigo hace veinte años, y los estés cosechando ahora. Tal vez fue una historia obscena, cuyo recuerdo vuelve a angustiarte, incluso en los momentos más solemnes. Tal vez fue alguna palabra o acción precipitada que has olvidado hasta ahora.

Oí decir a Juan B. Gough que prefería cortarse la mano antes que haber cometido cierto pecado. No dijo cuál era, pero siempre he supuesto que era la forma en que trataba a su madre. Era un miserable borracho siempre ebrio cuando su madre murió; la pobre mujer no pudo soportarlo y murió de un corazón roto. Dios le había perdonado, pero él nunca se perdonó a sí mismo. Muchas personas han hecho cosas que nunca se perdonarán hasta el día de su muerte.

"En este momento", dijo alguien "de las tumbas deshonradas de muchas prostitutas surge un silencioso llamando a la justa retribución. De los hogares miserables de muchos borrachos, de las esposas desconsoladas, de los niños hambrientos, resuena un terrible clamor a los oídos de Dios".

Creo que Dios perdona el pecado plena y libremente por causa de Cristo, pero permite que ciertas penas permanezcan. Si un hombre ha desperdiciado años en una vida desenfrenada, no puede esperar volver a vivirlos. Si ha violado su conciencia, las cicatrices permanecerán durante toda su vida. Si ha manchado su reputación, su efecto nunca podrá ser borrado. Si destroza su cuerpo por la indulgencia y la maldad, deberá sufrir hasta la muerte. Como dijo el predicador T. De Witt Talmage: "La gracia de Dios da un nuevo corazón, pero no un nuevo cuerpo".

— Juan — le dijo un padre a su hijo, — me gustaría que me trajeras el martillo.

— Sí, papá.

— Ahora tráeme un clavo y un trozo de madera de pino.

— Aquí están, papá.

— ¿Puedes clavar el clavo en la tabla?
Lo hizo.

— Por favor, sácalo de nuevo.

— Eso es fácil, papá.

— Ahora, Juan —, dijo el padre en tono más bajo, — saca el agujero del clavo.

Todo acto incorrecto deja una cicatriz. Aunque la madera sea un árbol vivo, la cicatriz permanece. Hay abundante redención para nuestros peores pecados. Mi pecado puede volverse blanco como la nieve y pasar por completo, en la medida en que tenga poder para perturbar o entristecer mi relación con Dios. Pero aun nuestros pecados menores dejan sus huellas y consecuencias en nuestras vidas, en nuestros caracteres, en nuestros recuerdos, en nuestras conciencias, a veces en nuestra debilidad, a menudo en nuestra posición mundana, en nuestra reputación, en nuestro éxito, en nuestra salud, y de mil otras maneras. Dios no moverá su dedo meñique para eliminarlas, sino que las dejará.

Que nadie piense que el evangelio que proclama el perdón puede reducirse a una mera proclamación de impunidad. Esto no puede ser así. Fue a los cristianos a quienes Pablo dijo, *No os dejéis engañar, de Dios nadie se burla; pues todo lo que el hombre siembre, eso también segará* (Gálatas 6:7). Dios nos ama demasiado para no castigar a sus hijos cuando pecan, y nos ama demasiado para aniquilar (si fuera posible) las consecuencias secundarias de nuestras transgresiones. Hay que reconocer los dos lados de la verdad: que las penas más profundas y (como las llamamos) las primeras de nuestra maldad, que son la separación de Dios y la dolorosa conciencia de culpa, son borradas mientras que permite que permanezcan otros resultados que, al ser permitidos, pueden ser de bendición y beneficiosos para los que han pecado.

MacLaren dice:

> Si desperdicias tu juventud, ningún arrepentimiento hará que el reloj retroceda, ni recuperará el terreno perdido por la ociosidad, ni restaurará la constitución destrozada por la disipación, ni devolverá los recursos desperdiciados en el vicio, ni traerá de vuelta las oportunidades fugaces.... Todas las heridas pueden ser curadas, porque el Buen Médico, bendito sea su nombre, tiene bisturíes y vendas, y bálsamo y analgésicos para las más mortales, pero las cicatrices permanecen incluso cuando la herida está cerrada.[4]

Dios perdonó a Moisés y a Aarón por sus pecados, pero ambos sufrieron el castigo. A ninguno se le permitió entrar en la tierra prometida. Jacob se convirtió en un príncipe de Dios en el Valle de Jaboc, pero hasta el final de sus días llevó en su cuerpo la marca de la lucha (Génesis 32:28-31). La espina en la carne de Pablo no se le quitó, ni siquiera después de las más serias y repetidas oraciones. Sin embargo, esa espina perdió su aguijón y se convirtió en un medio de gracia (2 Corintios 12:7-9).

Tal vez esa sea una de las razones por las que Dios no elimina estas penas por el pecado. Tal vez tenga la intención de que se utilicen como señales de su reprensión. *El Señor a quien ama reprende* (Proverbios 3:12).

---

4   Esta cita es de Alexander Maclaren (1826-1910), un predicador inglés no conformista, de sus comentarios sobre el Salmo 99:8.

Si se eliminaran por completo las consecuencias terrenales, es probable que volviéramos a caer en el pecado. La consecuencia es un recordatorio continuo de nuestra debilidad y de la necesidad de ser precavidos y depender de Dios.

Una noche en Chicago, al final de una reunión en los salones del YMCA, un joven se levantó de un salto y dijo:

— Señor Moody, ¿me dejaría decir unas palabras?

— Por supuesto —, le dije.

Luego, durante unos cinco minutos, suplicó a los hombres allí presentes que se apartaran del pecado. Dijo: "Si tienen a alguien que se interese por su bienestar espiritual, trátenlo con amabilidad, pues es el mejor amigo que tienen. Yo era hijo único, y mi madre y mi padre se interesaban mucho por mí. Todas las mañanas, en el altar familiar, mi padre solía orar por mí, y todas las noches me encomendaba a Dios. Yo era rebelde e imprudente y no me gustaba la contención del hogar. Cuando mi padre murió, mi madre retomó el culto familiar. Muchas veces se acercaba a mí y me decía: 'Oh, hijo, si te quedaras para el culto familiar, sería la madre más feliz de la tierra; pero cuando oro, ni siquiera te quedas en casa.'

"A veces entraba a medianoche después de una noche de copas y oía a mi madre orando por mí. A veces, de madrugada, oía su voz suplicando por mí. Por último, sentí que debía convertirme en cristiano o irme de casa, y un día reuní algunas cosas y me escapé de casa sin avisar a mi madre.

"Poco después, oí indirectamente que mi madre

estaba enferma. Ah, pensé, ¡es mi conducta la que la está enfermando! Mi primer impulso fue ir a casa y alegrar sus últimos días, pero me vino la idea de que si lo hacía, tendría que convertirme en cristiano. Mi orgulloso corazón se rebeló y dije: "No, no me haré cristiano".

Pasaron los meses y se enteró de que su madre estaba peor. Entonces pensé: *Si mi madre no vive, nunca podré perdonarme.*

Ese pensamiento le llevó a su casa. Llegó al viejo pueblo al anochecer y comenzó a caminar hacia su casa, que estaba a una milla y media de distancia. En el camino pasó por el cementerio y decidió ir a la tumba de su padre para ver si había una tumba recién hecha al lado. A medida que se acercaba al lugar, su corazón comenzó a latir más rápido. Cuando se acercó lo suficiente, la luz de la luna iluminó una tumba recién hecha, donde vio el nombre de su madre en la lápida.

Con mucha emoción, siguió hablando a los hombres de la YMCA: "Jóvenes, por primera vez en mi vida, esta pregunta me invadió: ¿Quién va a orar ahora por mi alma perdida? Mi padre se ha ido y mi madre se ha ido, y ellos son los únicos que se han preocupado por mí. Si hubiera podido llamar a mi madre aquella noche y oírla pronunciar mi nombre en la oración, habría dado el mundo si hubiera sido mío para darlo. Pasé toda aquella noche junto a su tumba, y Dios por amor a Cristo escuchó las oraciones de mi madre, y me convertí en un hijo de Dios. Pero nunca me perdoné por la forma en que traté a mi madre, y nunca lo haré".

¿Dónde está mi hijo perdido esta noche?

¿Dónde está mi hijo perdido esta noche?
   El niño de mi más tierno cuidado,
el niño que una vez fue mi alegría y mi luz,
   el niño de mi amor y mi oración.

Una vez fue puro como el rocío de la mañana,
   mientras se arrodillaba en las rodillas de su madre;
ningún rostro era tan brillante, ningún corazón más verdadero,
   y ninguno era tan dulce como él.

Oh, podría verte ahora, mi niño,
   tan bello como en los viejos tiempos,
cuando la cháchara y la sonrisa hacían del hogar una alegría,
   y la vida era una alegre campanada.

Ve a buscar a mi niño errante esta noche,
   ve, búscalo donde quieras;
pero tráelo a mí con toda su desgracia,
   – Robert Lowry

Mis queridos amigos, Dios puede perdonarte pero las consecuencias de tu pecado van a ser amargas, incluso si eres perdonado.

Hace unos años estuve predicando en Chicago sobre el texto, *Levántate, sube a Betel y habita allí* (Génesis 35:1). Después de la reunión un hombre pidió verme a solas, así que pasamos a una habitación privada. El sudor se acumulaba en gotas en su frente.

Le pregunté:

— ¿De qué se trata?

Respondió:

— Soy un fugitivo de la justicia. Estoy en el exilio, disfrazado. El gobierno de mi estado ha ofrecido una recompensa por mí. Llevo meses escondido aquí. Me dicen que no hay infierno, pero parece que llevo meses en el infierno.

Había sido un hombre de negocios y teniendo, como creía, mucho dinero, falsificó algunos bonos pensando que podría dar su cheque en cualquier momento y reintegrarlos, pero se enredó más de la cuenta y cayó. Dijo:

— Llevo aquí seis meses. Tengo una esposa y tres hijos, pero no puedo escribirles ni saber de ellos.

El pobre hombre sufría una terrible agonía mental.

Le dije:

— ¿Por qué no vuelves, te entregas, te enfrentas a la ley y le pides a Dios que te perdone?

Respondió:

— Tomaría el primer tren mañana y me entregaría, excepto por una cosa: tengo una esposa y tres hijos, ¿cómo puedo traerles tal desgracia?

Yo también tengo una esposa y tres hijos, y cuando dijo eso, la situación parecía muy diferente.

Ah, si pudiéramos segar nosotros mismos no sería tan amargo, pero cuando hacemos que nuestros hijos pequeños, o nuestra esposa, o nuestra vieja y canosa madre, o nuestro viejo padre sieguen con nosotros, ¿no es la cosecha bastante amarga? No temo a ninguna peste ni a ninguna enfermedad tanto como al pecado. Si Dios sólo mantiene el pecado fuera de mi familia, lo alabaré en el tiempo y en la eternidad. El peor enemigo que se ha cruzado en el camino de una persona es el pecado.

Si una persona viene a pedirme consejo, siempre trato de ponerme en el lugar de aquel a quien le hablo, y luego trato de darle el mejor consejo que pueda. Le dije a este hombre:

— No sé qué decir, pero es seguro hacer una oración

Después de orar, le insté a que orara pero me dijo:

— Si lo hago, significa la penitenciaría

Le pedí que viniera al día siguiente a las doce del mediodía. Se reunió conmigo a la hora señalada y me dijo:

— Está todo resuelto. Si quiero conocer al Dios de Betel, debo pasar por la cárcel para encontrarme con Él. Con la ayuda de Dios me entregaré. Voy a volver y me gustaría que te mantuvieras en silencio hasta que me entregue a las manos de la ley; entonces podrás tenerme como ejemplo. Cuando empecé mi vida, no pensé que llegaría a esto. Poco pensé cuando me casé con una muchacha de una de las primeras familias del estado, que iba a traerle tal desgracia.

A las cuatro de la tarde regresó a Missouri. Llegó a su casa un poco después de la medianoche y pasó una semana con su familia. En una carta decía que no se atrevía a que sus hijos supieran que estaba allí, para que no se lo dijeran a los hijos de los vecinos. Por la noche se escabullía y miraba a sus hijos, pero no podía cogerlos en brazos ni besarlos. ¡Oh, ahí está el resultado del pecado! ¡Quiera Dios que cada uno de nosotros se aleje del pecado hoy mismo!

Un día, cuando este hombre estaba escondido, oyó preguntar a su hijo pequeño:

— Mamá, ¿ya no nos quiere papá?

— Sí —, respondió su madre. — ¿Por qué lo preguntas?

— Bueno — dijo el pequeño, — hace mucho tiempo que se fue y nunca nos escribe cartas ni viene a vernos.

La última noche salió de su escondite y echó una larga mirada a aquellos niños inocentes y dormidos. Luego cogió a su mujer y la besó una y otra vez, y abandonando aquel hogar antes feliz, se entregó al alguacil. A la mañana siguiente se declaró culpable y fue enviado a la penitenciaría durante diecinueve años. Creo que Dios le había perdonado, pero él no podía perdonarse a sí mismo y tenía que recoger lo que había sembrado. Le rogué al gobernador que tuviera piedad, y el hombre fue indultado.

Hace algún tiempo estaba contando esta historia, y alguien lo dudó, pero el gobernador que lo indultó estaba por casualidad en la reunión. Se levantó y dijo: "Yo mismo indulté a ese hombre". El gobernador lo perdonó, y vivió algunos años, pero desde el momento en que cometió ese pecado tuvo que cosechar lo que había sembrado. Oh, lector, te lo ruego: ¡supera tu pecado acosador, sea cual sea!

Castigo futuro

Me imagino a alguien diciendo: "Me alegro de que el Sr. Moody no haya intentado asustarnos sobre el estado futuro. Estoy de acuerdo con él en que recibiremos toda nuestra recompensa y castigo en esta vida".

Si piensan que yo creo eso, están muy equivocados. Una frase de los labios del Hijo de Dios con respecto al estado futuro ha quedado grabada para siempre en mi mente: *Moriréis en vuestro pecado; adonde yo voy, vosotros no podéis ir* (Juan 8:21). Si un hombre no ha renunciado a su borrachera, a su profanidad, a su inmoralidad y a su codicia, el Cielo sería un infierno para él. El Cielo es un lugar preparado para gente preparada. ¿Qué haría en el Cielo una persona que no puede soportar estar en la sociedad de los puros y santos aquí abajo?

No es cierto que toda la recompensa y el castigo se cosechen en esta vida. Mira cuántos crímenes se cometen en los que los autores nunca son atrapados. A menudo ocurre que el peor de los criminales utiliza su experiencia para escapar de la detección, mientras que alguien con menos mentalidad criminal es capturado. Un hombre arruina a una chica. ¿Consigue siempre el castigo? No. Él mantiene su cabeza tan alta como siempre en la sociedad, mientras que la desafortunada víctima de su lujuria que, tal vez, fue inocentemente seducida en el pecado por él, se convierte en una rechazada. Sin embargo su castigo, en el mejor de los casos, sólo se pospone a otro mundo.

¡Eternidad!

¡Oh, las campanas del tiempo!
    Noche y día no cesan de sonar;
estamos cansados de su repicar,
    porque no nos traen la paz;
y callamos nuestra respiración para escuchar,
    y esforzamos nuestros ojos para ver

si tus orillas se acercan -
 ¡Eternidad! ¡Eternidad!

¡Oh, las campanas del tiempo!
 Cómo sus repiques suben y bajan,
pero en tono sublime,
 que suena claramente a través de todas ellas,
es una voz a ser escuchada,
 mientras nuestros momentos huyen,
y habla, sí, una palabra -
 ¡Eternidad! ¡Eternidad!

¡Oh, las campanas del tiempo!
 A sus voces, altas y bajas,
en una larga e inquieta línea
 marchamos de un lado a otro;
y anhelamos la vista o el sonido,
 de la vida que ha de ser,
porque tu aliento nos envuelve -
 ¡Eternidad! ¡Eternidad!

¡Oh, las campanas del tiempo!
 Pronto sus notas enmudecerán,
y en la alegría y la paz sublime
 sentiremos que llega el silencio;
y nuestras almas saciarán su sed,
 y nuestros ojos verán al Rey,
cuando tu gloriosa mañana amanezca -
 ¡Eternidad! ¡Eternidad!
  – Ellen M. H. Gates

Capítulo 8

Advertencia

Mirad que nadie os engañe (Mateo 24:4)

Cristo en vosotros, la esperanza de la gloria. A Él nosotros proclamamos, amonestando a todos los hombres, y enseñando a todos los hombres con toda sabiduría, a fin de poder presentar a todo hombre perfecto en Cristo (Colosenses 1:27-28)

Advertir es una señal de amor. ¿Quién advierte como una madre y quién ama como una madre? Tu madre, tal vez, ya no está, y quizás tu padre tampoco. Permíteme ocupar el lugar de los que se han ido, y déjame alzar una voz de advertencia. Con Pablo diría: *No escribo esto para avergonzaros, sino para amonestaros como a hijos míos amados* (1 Corintios 4:14).

Un piloto que guiaba un barco de vapor por el

río Cumberland vio una luz, aparentemente de una pequeña embarcación, en medio del estrecho canal. Su impulso fue hacer caso omiso de la señal y seguir su camino hacia el barco. Al acercarse, una voz le gritó: "¡Mantenga distancia! No se acerque".

Con gran enfado, maldijo a quien creía que era un barquero en su camino. Al llegar a su siguiente desembarco se enteró de que una enorme roca había caído de la montaña al lecho del arroyo, y que allí se había colocado una señal para advertir del peligro desconocido a las embarcaciones que se acercaban. ¡Ay! Muchos consideran las advertencias de Dios de la misma manera, y se enfadan con cualquiera que les hable de las rocas en su curso. Al final lo entenderán mejor.

Los hijos de Israel no tuvieron más amigo que Moisés. Nunca se extraviaron sin que él les advirtiera, y los problemas nunca les ocurrieron sino cuando desatendían las advertencias. Elías fue el mejor amigo que tuvo Acab.

Ojalá pudiera advertir como lo hizo Jesucristo. Mientras subía al Monte de los Olivos, su corazón parecía estar muy conmovido y lloraba: *¡Jerusalén, Jerusalén, la que mata a los profetas y apedrea a los que le son enviados! ¡Cuántas veces quise juntar a tus hijos, como la gallina a sus pollitos debajo de sus alas, y no quisiste!* (Lucas 13:34). ¿No advirtió a la gente?

Si un amigo mío estuviera a punto de invertir en una mina de plata sin valor, ¿crees que sería fiel a él si no le advirtiera en contra? ¿Muestro menos amor por él porque le advierto contra acciones que traerán una cosecha de miseria y desesperación? *Y el que oye el sonido de la trompeta no se da por advertido, y viene una espada y se lo lleva, su sangre recaerá sobre su propia cabeza. Oyó el sonido de la trompeta pero no se dio por advertido; su sangre recaerá sobre él. Pero si hubiera hecho caso, habría salvado su vida* (Ezequiel 33:4-5).

Asegúrate de que la semilla que estás sembrando sea una buena semilla. Si siembras para la carne será imposible una buena cosecha. La buena semilla y la mala no pueden tener éxito si se les permite crecer juntas. Una prospera a expensas de la otra, y lo más probable es que la mala semilla se imponga. Las malas hierbas siempre parecen crecer y extenderse más rápidamente que las buenas semillas.

Cuanto más tiempo las dejen, más se afianzan las malas hierbas. La demora es peligrosa. En el año 1691, se envió una proclama a todas las Tierras Altas de Escocia en la que se decía que todos los culpables de rebelión contra el gobierno establecido serían perdonados, si antes del último día del año deponían las armas y prometían poner fin a su rebelión. Muchos lo hicieron, pero un jefe llamado Maclan aplazó la sumisión de semana en semana, siempre con la intención de someterse antes de que fuera demasiado tarde. Cuando por fin se puso en marcha para aceptar el indulto, una gran tormenta se lo impidió y no llegó hasta que expiró el plazo. El día del perdón había pasado, y el día de la venganza había llegado. Maclan y sus hombres fueron condenados a muerte.

Es prudente exterminar las malas hierbas de inmediato. Cuidado con permanecer más tiempo en el pecado. Cuanto más te hundas, más amarga será tu restauración.

¿Por qué seguir abrasando tu conciencia y sembrando las semillas del amargo remordimiento? Por muy doloroso que sea, ¡rompe con el pecado de una vez! A menudo se requieren operaciones serias cuando el hábil cirujano sabe que la enfermedad no puede curarse con aplicaciones superficiales. El agricultor toma su azada y su pala y su hacha, y corta los crecimientos molestos y quema las raíces del suelo con fuego.

> *Y si tu ojo derecho te es ocasión de pecar, arráncalo y échalo de ti; porque te es mejor que se pierda uno de tus miembros, y no que todo tu cuerpo sea arrojado al infierno. Y si tu mano derecha te es ocasión de pecar, córtala y échala de ti; porque te es mejor que se pierda uno de tus miembros, y no que todo tu cuerpo vaya al infierno* (Mateo 5:29-30)

Recuerda que la cizaña y el trigo serán separados en el día del juicio, si no antes. La siembra en la carne y la siembra en el Espíritu conducen inevitablemente a caminos divergentes (Gálatas 6:8). *El hacha ya está puesta a la raíz de los árboles; por tanto, todo árbol que no da buen fruto es cortado y echado al fuego* (Lucas 3:9). *El bieldo está en su mano para limpiar completamente su era y recoger el trigo en su granero; pero quemará la paja en fuego inextinguible* (Lucas 3:17). Ten cuidado con tus hábitos.

Un escritor reciente ha dicho:

ADVERTENCIA

Si los jóvenes se dieran cuenta de cuán pronto se convertirán en meros manojos de hábitos andantes, prestarían más atención a su conducta mientras están en el estado moldeable. Estamos hilando nuestro propio destino, bueno o malo, y nunca se puede deshacer. Cada mínimo golpe de virtud o de vicio deja su nunca tan pequeña cicatriz. El borracho Rip Van Winkle en la obra de Jefferson, se excusa por cada nueva negligencia diciendo: "¡Esta vez no contaré!". ¡Bueno! Puede que no lo cuente, y puede que un Cielo bondadoso no lo cuente; pero de todos modos se está contando. Entre sus células nerviosas y fibras, las moléculas lo están contando, registrando y almacenando, para usarlo en su contra cuando llegue la próxima tentación.

Nada de lo que hacemos es, en estricta literalidad científica, borrado. Por supuesto, esto tiene su lado bueno y su lado malo. Así como nos convertimos en borrachos permanentes por tantos tragos separados, así nos convertimos en santos en la esfera moral, y en autoridades y expertos en las esferas práctica y científica, por tantos actos y horas de trabajo.[5]

---

5   De *The principles of psychology* [Principios de psicología] (ISBN-10: 0486203816), de William James (1842-1910), filósofo y psicólogo estadounidense.

Cuidado con las tentaciones. *No nos metas en tentación* (Mateo 6:13), nuestro Señor nos enseñó a orar; y de nuevo dijo: *Velad y orad para que no entréis en tentación* (Mateo 26:41). Somos débiles y pecadores por naturaleza, y es mucho mejor para nosotros orar por la liberación de la tentación que por la fuerza para resistir cuando la tentación nos ha alcanzado. Es mejor prevenir que curar. Bajo la tierra pueden estar escondidas las semillas de la pasión y la maldad que sólo esperan una oportunidad favorable para brotar. Los jóvenes pretenden que es necesario ver los dos lados de la vida. ¡Qué tontería! No se me pide que ponga la mano en el fuego para ver si se quema.

Un barco de vapor estaba varado en el río Mississippi y el capitán no podía sacarlo. Finalmente, un tipo de aspecto duro subió a bordo y dijo:

— Capitán, tengo entendido que necesita un piloto para salir de esta dificultad.

El capitán preguntó:

— ¿Es usted piloto?

— Bueno, me llaman así.

— ¿Sabe usted dónde están los escollos y los bancos de arena?

— No, señor.

— Bueno, ¿cómo esperas sacarme de aquí si no sabes dónde están los escollos y los bancos de arena?

— ¡Sé adónde no están! — fue la respuesta satisfactoria.

Empiecen a sembrar la buena semilla mientras los niños son jóvenes, y así evitarán que la cizaña comience a arraigarse. Satanás no espera a que crezcan, y nosotros tampoco deberíamos hacerlo.

Hay muchas redes de pesca que se construyen de manera que sólo permiten atrapar a los peces adultos, mientras que los jóvenes pueden escapar. Satanás no tiene nada de eso. Atrapa todo lo que puede: al más débil y al más fuerte, al más joven y al más viejo.

"Debemos educar a nuestros niños o el diablo lo hará", dijo un joven maestro de escuela dominical.

"El diablo se ocupará de ellos de todos modos", respondió el viejo superintendente. "El diablo no los descuidará, aunque nosotros lo hagamos".

Es una obra maestra del diablo hacernos creer que los niños no pueden entender el cristianismo. ¿Habría hecho Jesús de un niño el estandarte de la fe si hubiera sabido que el niño no era capaz de entender sus palabras? Es mucho más fácil que los niños amen y confíen que los adultos, por lo que debemos poner a Cristo ante ellos como el objeto supremo de su elección.

No hay que descuidar las oportunidades. Napoleón solía decir: "Hay una crisis en cada batalla — diez o quince minutos — de la que depende la esencia de la batalla. Ganarla es la victoria; perderla es la derrota".

Cuidado con el pecado. Su paga es la muerte, y como se ha dicho, la paga nunca se ha reducido. El pecado engaña a la gente en cuanto a la satisfacción que se puede encontrar en él, las excusas que se pueden hacer para él, y la certeza del castigo que debe seguir. Si no fuera engañoso, nunca sería delicioso. Llega inocentemente y socava la sangre de la vida, privando a las personas de la capacidad moral de hacer el bien.

El canónigo Wilberforce paseaba por la isla de Skye, en Escocia, cuando vio una magnífica águila dorada que se elevaba. Se detuvo y observó su vuelo. Pronto observó que algo iba mal. Empezó a caer, y pronto estuvo muerta a sus pies. Ansioso por saber la razón de su muerte, la examinó y no encontró ningún rastro de herida de bala, pero vio en sus garras una pequeña comadreja que había atrapado, y que durante el vuelo se había acercado al cuerpo del águila, le había mordido y le había chupado la sangre del pecho. Tal es el fin de todo aquel que se aferra persistentemente al pecado.

No te dejes engañar por el atractivo de este mundo. Te engañará y te destruirá. El *Redoutable* era el nombre de un barco francés que Lord Nelson salvó dos veces de la destrucción, y fue desde el aparejo de ese mismo barco que se disparó la bala fatal que lo mató. El diablo pone muchos pecados en la miel, pero hay veneno mezclado con ella. Los placeres más verdaderos brotan de la buena semilla de la justicia; ningún otro es provechoso.

Cuidado con la ignorancia y la indiferencia. No puedes permitirte el lujo de descuidar tu alma. Hay demasiado en juego. Nunca conocí a un hombre frívolo que se convirtiera. Hasta que no despierte y se dé cuenta de su condición perdida y desesperada, Dios Todopoderoso no bajará y lo tomará de la mano. Una vez un barco estaba en gran peligro en el mar, y todos estaban de rodillas excepto un hombre. Le llamaron para que se uniera a ellos en la oración, pero él respondió: "Yo no. A ustedes les corresponde cuidar el barco. Yo sólo soy un pasajero".

Recuerda que el mero conocimiento no es suficiente. Muchas personas conocen de memoria la doctrina y las promesas del Evangelio pero no han sido tocadas por la gracia salvadora. El conocimiento muchas veces es inútil y hasta puede ser perjudicial, y lo que de verdad necesitamos es conocer la voluntad de Dios y cumplirla. Incluso los buenos propósitos no son suficientes. Sin duda son útiles a su manera, pero la Biblia no nos hace creer que puedan salvar a nadie. No dice: "A todos los que se propusieron recibirlo, les dio el poder de ser hijos de Dios, a los que se propusieron creer en su nombre", sino que dice: *Pero a todos los que le recibieron, les dio el derecho de llegar a ser hijos de Dios, es decir, a los que creen en su nombre* (Juan 1:12).

¡Estén atentos! Hay una necesidad constante de estar en guardia para no caer en el pecado. "Poned doble guardia en ese punto esta noche", era la orden de un oficial prudente cuando se esperaba un ataque. En el mejor de los casos, habrá algo de cizaña entre el trigo. Todos llevamos con nosotros material sobre el que Satanás puede trabajar. Pablo dijo:

> *Yo sé que en mí, es decir, en mi carne, no habita nada bueno; porque el querer está presente en mí, pero el hacer el bien, no. Pues no hago el bien que deseo, sino que el mal que no quiero, eso practico. Y si lo que no quiero hacer, eso hago, ya no soy yo el que lo hace, sino el pecado que habita en mí. Así que, queriendo yo hacer el bien, hallo la ley de que el mal está presente en*

> *mí. Porque en el hombre interior me deleito con la ley de Dios, pero veo otra ley en los miembros de mi cuerpo que hace guerra contra la ley de mi mente, y me hace prisionero de la ley del pecado que está en mis miembros. ¡Miserable de mí! ¿Quién me libertará de este cuerpo de muerte?*
> (Romanos 7:18-24)

Bendito sea Dios, porque Pablo continúa diciendo, ¿Quién me libertará de este cuerpo de muerte? Gracias a Dios, por Jesucristo Señor nuestro (Romanos 7:25).

La cuestión que Dios ha puesto ante nosotros es clara: *El que cree en el Hijo tiene vida eterna; pero el que no obedece al Hijo no verá la vida, sino que la ira de Dios permanece sobre él* (Juan 3:36). No hay término medio: *el que cree*, o *el que no obedece*. Nos deja elegir, y la responsabilidad recae sobre nosotros.

Puede que te cueste mucho sacrificio y que se te retuerzan muchas fibras del corazón para tomar la decisión correcta, pero te ruego que des el paso decisivo ahora. La salvación de tu alma tiene más peso que cualquier otra consideración. ¿Arriesgarías tu eternidad por alguna ganancia o placer presente? Inclina tu cabeza y ora: "Padre Celestial, ahora elijo venir a Ti como un pobre y humilde pecador. Creo en Tu Hijo, a quien enviaste para ser mi Salvador. Confiando en los méritos de Su sangre, que fue derramada como propiciación por mis pecados, descanso en la seguridad de los pecados perdonados."

Hay esperanza para el pecador más malvado.

ADVERTENCIA

Dondequiera que crezca la mala hierba existe la posibilidad de que crezca la buena semilla. Cuanto mayor sea tu necesidad, más bienvenido serás para Jesús. Él conoce de lejos al orgulloso y al confiado, pero el más leve susurro del pecador contrito llama su atención.

Nuestro Señor nos dio una simple prueba para ayudarnos en nuestra elección. Dijo: *Porque no hay árbol bueno que produzca fruto malo; ni árbol malo que produzca fruto bueno. Pues cada árbol por su fruto se conoce* (Lucas 6:43-44). Muchos de nosotros no tenemos el tiempo o la capacidad para desentrañar intrincados argumentos o comprender doctrinas profundas. Ciertas fases de la verdad suelen ser inaccesibles para la mente ordinaria, pero la prueba que dio Cristo es corta y práctica, y está al alcance de cualquiera de nosotros.

— ¿Has oído alguna vez el Evangelio? — le preguntó un misionero a un hombre chino al que no había visto antes en su misión.

—No— respondió, —pero lo he visto. Conozco a un hombre que solía ser el terror de su barrio. Era malo y fumador de opio y era tan peligroso como una bestia salvaje, pero ha cambiado completamente. Ahora es amable y bueno y ha dejado de fumar opio.

Aplica esta prueba a la incredulidad. ¿Cuáles son sus frutos? El crimen le sigue la pista. La sociedad se desorganiza. La castidad, la honestidad y las demás virtudes se ven socavadas. Toda la vida se desordena.

El siguiente breve extracto de una carta escrita en una prisión inglesa es una tremenda crítica a ese sistema de creencias que no reconoce a Dios: "Soy uno de los trece incrédulos. ¿Dónde están mis amigos? Cuatro han sido ahorcados. Uno se hizo cristiano. Seis han sido condenados a diversas penas de prisión, y uno está ahora confinado en una celda por encima de mí, condenado a cadena perpetua."

Con toda reverencia, podemos aplicar este texto a nuestro Señor mismo. Tenemos su propia autoridad para ello. En una ocasión, cuando los judíos objetaron Sus acciones, dijo: *porque las obras que el Padre me ha dado para llevar a cabo, las mismas obras que yo hago, dan testimonio de mí, de que el Padre me ha enviado* (Juan 5:36).

En otra ocasión se reunieron alrededor de Él y dijeron:

> *¿Hasta cuándo nos vas a tener en suspenso?*
> *Si tú eres el Cristo, dínoslo claramente.*
>
> *Jesús les respondió: Os lo he dicho, y no*
> *creéis; las obras que yo hago en el nombre*
> *de mi Padre, éstas dan testimonio de mí…*
> *Si no hago las obras de mi Padre, no me*
> *creáis; pero si las hago, aunque a mí no me*
> *creáis, creed las obras; para que sepáis y*
> *entendáis que el Padre está en mí y yo en el*
> *Padre* (Juan 10:24-25, 37-38)

Nicodemo tenía buenas razones para decirlo: *Rabí, sabemos que has venido de Dios como maestro, porque nadie puede hacer las señales que tú haces si Dios no está con él* (Juan 3:2). También Pedro dijo: *Varones israelitas, escuchad estas palabras: Jesús el Nazareno, varón confirmado por Dios entre vosotros con milagros, prodigios y señales que Dios hizo en medio vuestro a través de Él, tal como vosotros mismos sabéis* (Hechos 2:22).

¿Cuáles son los frutos de la extravagancia, el orgullo y la codicia? Por otro lado, ¿cuáles son los frutos de la oración, el temor a Dios y el cumplimiento de sus mandamientos? ¿Cuáles son los frutos del paganismo? Mira a África, China, India y las islas de los mares con sus dioses de madera y piedra. ¿Cuál debe ser la inteligencia y el sentido moral de las personas que adoran tales cosas?

Incluso la mejor de las religiones no cristianas ha de resultar siempre un fracaso. No se puede negar que muchas de las virtudes más elevadas se fomentan en los escritos de los filósofos paganos. ¿Cómo podría ser de otra manera? La moral es tan universal como la humanidad, y es de esperar que de vez en cuando alguna persona pensante vaya más allá de la media y profundice en las verdades fundamentales de la ética. En mi opinión, este hecho sólo demuestra la íntima conexión entre lo humano y lo divino. El cristianismo nunca pretendió introducir un nuevo sistema de moral.

¿Soportarán estas religiones no cristianas la prueba? El estoicismo fue quizás la más noble de las filosofías griegas, pero rápidamente se convirtió en un cinismo absoluto y culminó con la imposibilidad declarada de poder llegar a ser virtuoso. El epicureísmo empezó bastante bien, pero su fundador ni siquiera había muerto antes de ganarse el vergonzoso epíteto de que era una doctrina digna sólo de los cerdos. Mira el budismo, con sus sucias ceremonias y crueles torturas. Todos estos sistemas muestran un conflicto entre la teoría y la práctica. Fracasaron en su objetivo porque abordaron la dificultad de manera equivocada. Cortaron la rama, sin reconocer que el árbol estaba podrido en el fondo.

Sólo el cristianismo resistirá la prueba de sacar a la humanidad del pozo. ¿Cómo se propone hacerlo? No minimizando el peligro y la necesidad. La Biblia dice: *Toda cabeza está enferma, y todo corazón desfallecido. De la planta del pie a la cabeza no hay en él nada sano, sino golpes, verdugones y heridas recientes* (Isaías 1:5-6). El cristianismo exige un nuevo nacimiento, la regeneración por el Espíritu Santo, como primera cosa necesaria: *Os es necesario nacer de nuevo* (Juan 3:7). El cristianismo no antepone la santificación a la justificación, sino que primero imparte la vida de lo alto, y luego envuelve al pecador redimido en el amor de Cristo y en la comunión y guía del Espíritu Santo.

Un hombre chino convertido contó una vez su experiencia:

> Estaba en un pozo profundo, medio hundido en el fango, pidiendo a gritos que alguien me ayudara a salir. Levanté la vista y vi a un hombre de cabello gris y venerable que me miraba.
>
> — Hijo mío — dijo, — este es un lugar espantoso.
>
> — Sí — respondí. — Me he caído en él; ¿no puede ayudarme a salir?

ADVERTENCIA

— Hijo mío — fue su respuesta, — yo soy Confucio. Si hubieras leído mis libros y seguido mis enseñanzas, nunca habrías estado aquí.

— Sí, padre — dije, — ¿pero no puedes ayudarme?

Cuando levanté la vista, ya no estaba. Pronto vi otra forma que se acercaba a mí, y luego otro hombre se inclinó sobre mí, esta vez con los ojos cerrados y los brazos cruzados. Parecía mirar hacia algún lugar lejano.

— Hijo mío — dijo Buda, — cierra los ojos y cruza los brazos, y olvídate de ti mismo. Entra en un estado de reposo. No pienses en nada que pueda perturbarte. Quédate tan quieto que nada pueda moverte. Entonces, hijo mío, estarás en un descanso tan placentero como el mío.

— Sí, padre — respondí. — Lo haré cuando esté en la superficie. ¿No puedes ayudarme? Pero Buda también se fue.

Estaba empezando a hundirme en la desesperación cuando vi otra figura sobre mí, diferente a las demás. Había marcas de sufrimiento en su rostro. Le grité:

— ¡Oh, Padre! ¿Puedes ayudarme?

— Hijo mío — dijo Él, — ¿qué pasa?

Antes de que pudiera responder, se puso a mi lado en el fango. Me rodeó con sus brazos y me levantó; luego me dio de comer y me dejó descansar. Cuando me recuperé, no me dijo: "Ahora no vuelvas a hacer eso", sino que me dijo: "Ahora seguiremos caminando juntos", y desde entonces seguimos caminando juntos.

Esta fue la forma en que un pobre hombre chino contó el amor compasivo y la ayuda del Señor Jesús.

Hace algún tiempo leí sobre un joven que acababa de salir de una taberna y había montado su caballo. Al pasar cierto diácono de camino a la iglesia, el joven le siguió y le preguntó: "Diácono, ¿puede decirme qué distancia hay hasta el infierno?".

Al diácono le dolió el corazón pensar que un joven como él hablara con tanta ligereza de la eternidad. Pasó de largo y no dijo nada. Cuando llegó a la esquina de la iglesia, vio que el caballo había tirado a aquel joven y que estaba muerto. Así que puedes estar más cerca del juicio de lo que crees.

Cuando estuve en Suiza hace muchos años, aprendí algunas lecciones importantes sobre la rapidez con la que la muerte puede alcanzarnos. Vi varios lugares donde se produjeron desprendimientos de tierra que destruyeron por completo pueblos enteros. Vi dónde las avalanchas habían barrido las laderas de las montañas, dejando destrucción a su paso.

Una terrible calamidad ocurrió en el año 1806 en un pueblo llamado Goldau, situado en un fértil valle al pie de la montaña Rossberg. La temporada había sido inusualmente húmeda, lo que había hecho que las cosechas fueran aún más abundantes. Una mañana temprano, un joven campesino, al pasar por la casa de un anciano al que conocía, lo vio sentado en la puerta a pleno sol.

— Buenos días, vecino — le dijo. — Es probable que tengamos un buen día.

— Ya es hora de que tengamos un buen día — gruñó el anciano. — Ya ha llovido bastante últimamente.

— ¿Has oído el reportaje? — preguntó el otro. — Los que se levantaron más temprano esta mañana afirman haber visto moverse la cima del viejo Rossberg.

— ¡Claro! Es bastante probable — dijo el anciano. — Escucha bien mis palabras, y lo he dicho a menudo antes: Yo no viviré para verlo, pero los que ahora son jóvenes no vivirán para ser tan viejos como yo antes de que la cima de esa montaña esté a sus pies.

— Espero que no sea en mis días — dijo el joven, y pasó de largo, sin pensar en lo cerca que estaba de cumplirse la predicción, y en que los campos de maíz que maduraban y los abundantes racimos de exuberantes uvas nunca se recogerían; y así fue.

Los manantiales de agua de la montaña se habían sobrecargado por las excesivas lluvias y éstas, al forzar su camino hacia la superficie y hacia el valle de abajo, habían aflojado las masas de roca redondeada que habían sido cementadas por una especie de arcilla, material del que estaba formada la parte superior de la montaña. Estas enormes masas acabaron cediendo y cayendo de cabeza en el valle, sepultando bajo su peso a todo el pueblo y a unos ochocientos de sus habitantes.

¿Qué fue del anciano? Lamentablemente, no escapó. Creía que la montaña caería, pero no creía que la caída estuviera tan cerca. Estaba sentado en su cabaña, fumando tranquilamente su pipa, cuando el joven regresó rápidamente, gritando:

— ¡La montaña se está cayendo!

El anciano se levantó tranquilamente de su asiento, miró por la puerta y dijo:

— Ya tendré tiempo de volver a llenar mi pipa — y volvió a entrar en su casa.

El joven se salvó. El anciano pereció antes de salir de su casa. La casa y su dueño fueron aplastados y arrastrados al fondo del valle.

Yo estaba en el norte de Inglaterra en 1881 cuando una temible tormenta arrasó esa parte del país. Un gran número de pescadores asistía a la congregación de un amigo mío que era ministro en Eyemouth. Había sido un tiempo muy tormentoso, y los pescadores habían estado retenidos en el puerto durante una semana. Un día, sin embargo, el sol brilló en un cielo azul claro. Parecía que la tormenta había pasado, y los barcos partieron hacia el lugar de pesca. Cuarenta y un barcos salieron del puerto ese día. Antes de partir, el capitán del puerto izó la señal de tormenta y les advirtió de que se acercaba un temporal. Les rogó que no salieran, pero no hicieron caso de su advertencia y se pusieron en marcha. No vieron ninguna señal de la tormenta que se avecinaba. Sin embargo, en pocas horas la tormenta se desencadenó en la costa, y muy pocos de aquellos pescadores regresaron. Había cinco o seis hombres en cada barco, y casi todos se perdieron en aquel terrible vendaval. En la iglesia de la que mi amigo era pastor, creo que sólo quedaron tres miembros masculinos.

Esos hombres fueron conducidos a la eternidad porque no prestaron atención a la advertencia. Yo levanto la señal de la tormenta ahora y les advierto que escapen del juicio que viene.

Había un hombre que vivía cerca de una de las principales autopistas hace algunos años, que una noche vio que un derrumbe había obstruido la vía del tren. Vio por el reloj que no tenía tiempo de llegar a la oficina de telégrafos para detener el expreso nocturno, así que tomó una linterna y comenzó a subir la vía, pensando que podría llegar a tiempo para detener el tren. Mientras corría, se cayó y la luz de su linterna se apagó. No tenía otra cerilla, y podía oír el tren que se acercaba en la distancia. No sabía qué hacer. Como último recurso, se puso de pie en la orilla, y en el momento en que el tren se acercó lo suficiente a él, lanzó la linterna con todas sus fuerzas hacia el maquinista. El maquinista vio que algo debía estar mal, tomó la advertencia, aplicó los frenos y detuvo el tren a pocos metros de la obstrucción.

Ahora yo arrojo mi linterna rota a tus pies. Te ruego que aceptes la advertencia y rompas con el pecado, sin importar lo que te cueste. ¡Advertencia! Debes abandonar el pecado, o debes abandonar la esperanza del cielo. Ponte en el camino de ser bendecido. Decídete ahora a obtener la victoria por la gracia de Dios.

> *Abandone el impío su camino, y el hombre inicuo sus pensamientos, y vuélvase al Señor, que tendrá de él compasión, al Dios nuestro, que será amplio en perdonar* (Isaías 55:7).

Dwight L. Moody
– Una Biografía Breve

Dwight Lyman Moody nació el 5 de febrero de 1837 en Northfield, Massachusetts. Su padre murió cuando Dwight tenía sólo cuatro años, dejando a su madre con nueve hijos a su cargo. Cuando Dwight tenía diecisiete años, se fue a Boston para trabajar como vendedor. Un año más tarde, fue guiado a Jesucristo por Edward Kimball, el maestro de escuela dominical de Moody. Moody pronto se fue a Chicago y comenzó a enseñar una clase de escuela dominical propia. A los veintitrés años, se había convertido en un exitoso vendedor de zapatos, ganando 5.000 dólares en sólo ocho meses, lo cual era mucho dinero para la mitad del siglo XIX. Sin embargo, tras su decisión de seguir a Jesús, dejó su carrera para dedicarse a la labor cristiana por sólo 300 dólares al año.

D. L. Moody no era un pastor ordenado, pero era un evangelista eficaz. Una vez Henry Varley, un evangelista británico, le dijo: "Moody, el mundo todavía tiene que ver lo que Dios hará con un hombre totalmente consagrado a Él".

Moody dijo más tarde: "Con la ayuda de Dios, me propongo ser ese hombre".

Se calcula que durante su vida, sin la ayuda de la televisión o la radio, Moody recorrió más de un millón de kilómetros, predicó a más de un millón de personas y trató personalmente a más de setecientos cincuenta mil individuos.

D. L. Moody murió el 22 de diciembre de 1899.

Moody dijo una vez: "Algún día leerán en los periódicos que D. L. Moody, de East Northfield, ha muerto. ¡No crean ni una palabra de eso! En ese momento estaré más vivo que ahora. Habré subido más alto, eso es todo, fuera de esta vieja casa hecha de barro, a una casa que es inmortal; un cuerpo que la muerte no puede tocar, que el pecado no puede manchar, un cuerpo modelado como Su cuerpo glorioso. Nací de la carne en 1837. Nací del Espíritu en 1856. Lo que ha nacido de la carne puede morir. Lo que nace del Espíritu vivirá para siempre".

También Por Aneko Press

Jesús Vino Para Salvar a los Pecadores,
by Charles H. Spurgeon

Jesús vino a salvar a Pecadores es una conversación de corazón a corazón con el lector. A través de sus páginas, se examina y se trata debidamente cada excusa, cada razón y cada obstáculo para no aceptar a Cristo. Si crees que eres demasiado malo, o si tal vez eres realmente malo y pecas abiertamente o a puerta cerrada, descubrirás que la vida en Cristo también es para ti. Puedes rechazar el mensaje de salvación por la fe, o puedes elegir vivir una vida de pecado después de decir que profesas la fe en Cristo, pero no puedes cambiar la verdad de Dios tal como es, ni para ti ni para los demás. Este libro te lleva al punto de decisión, te corresponde a ti y a tu familia abrazar la verdad, reclamarla como propia y ser genuinamente liberado para ahora y para la eternidad. Ven, y abraza este regalo gratuito de Dios, y vive una vida victoriosa para Él.

Disponible donde se venden libros

La Vida Vencedora,
by Dwight L. Moody

Dwight L. Moody es un maestro en esto de desenterrar lo que nos perturba. Utiliza relatos y sentido del humor para sacar a la luz los principios esenciales de la vida cristiana exitosa. Nos muestra cada uno de los aspectos de la victoria desde un ángulo práctico y fácil de entender. La solución que Moody presenta para nuestros problemas no es la religión, ni las reglas, ni las correcciones externas. Más bien, nos lleva al corazón del asunto y prescribe remedios bíblicos, dados por Dios, para la vida de todo cristiano. Prepárate para vivir en auténtica victoria en el presente, y en el gozo para la eternidad.

Disponible donde se venden libros

www.ingramcontent.com/pod-product-compliance
Lightning Source LLC
Chambersburg PA
CBHW070150080526
44586CB00015B/1920